O GWMPAS Y FOEL

O Gwmpas y Foel

Dewi Tomos

Argraffiad cyntaf: Medi 2007

Rhif Llyfr Safonol Rhyngwladol:1-84527-129-7
978-1-84527-129-9

Mae'r cyhoeddwr yn cydnabod cefnogaeth
ariannol Cyngor Llyfrau Cymru

Cynllun clawr: Sian Parri

Argraffwyd a chyhoeddwyd gan Wasg Carreg Gwalch,
12 Iard yr Orsaf, Llanrwst, Dyffryn Conwy, LL26 0EH.
☎ 01492 642031   📠 01492 641502
✆ llyfrau@carreg-gwalch.co.uk
Lle ar y we: www.carreg-gwalch.co.uk

Cynnwys

Cyflwyniad

Mae Canolfan Dreftadaeth Kate Roberts mewn ardal hynod o gyfoethog ar gyfer teithiau cerdded. Gobeithiwn y bydd crwydro'r ardal yn cyfoethogi profiadau ymwelwyr â Chae'r Gors. Nodwyd pwysigrwydd ac arwyddocad nodweddion amgylcheddol a diwydiannol yr ardal gan sawl corff.

Dyffryn Nantlle. Dyffryn rhewlifol ar ochr orllewinol massif Eryri, gyda thystiolaeth wrthgyferbyniol o ddefnydd tir cynhanesyddol a diweddarach greiddiol, a throstynt weddillion cloddio llechi yn ddiwydiannol yn ystod y 19edd a'r 20fed ganrif. Mae'r ardal yn cynnwys bryngaerau, aneddiadau a chyfundrefnau caeau helaeth o Oes yr Haearn; mwynglofeydd copr o'r 18fed ganrif ac ar ôl hynny; gweddillion chwareli llechi, pyllau a thomennydd rwbel a'r adeiladaeth, cyfundrefnau cludiant ac aneddiadau cysylltiol, oll wedi'u cadw'n dda ac yn ddramatig yr olwg; cysylltiadau hanesyddol, chwedlonol, artistig a llenyddol . . .

Mae'r ardal yn cynnwys gweddillion helaeth, wedi'u cadw'n dda, yn gysylltiedig â chloddio llechi ar raddfa ddiwydiannol, wedi creu tirwedd sy'n bendant yn wahanol ei gymeriad i rai'r ardaloedd llechi eraill . . .

Yn ogystal â'r chwareli eu hunain, yn cynnwys Alexandra a Moeltryfan, mae'r rhan ogleddol hon o'r ardal yn cynnwys enghreifftiau hynod o'r aneddiadau tyddyn . . . yn ogystal â rhan o Rosgadfan, tirwedd a anfarwolwyd gan yr awdures Kate Roberts.

Tirweddau o Ddiddordeb Hanesyddol yng Nghymru CADW

Mae'r ardal hefyd yn hanesyddol bwysig o safbwynt daearegol, a bu'n destun un o ddadleuon mwyaf tanbaid y 19 ganrif, rhwng y 'Dilywiolwyr' a oedd yn credu mai'r dilyw Beiblaidd oedd yn gyfrifol am ffurfiant y tirlun, a'r 'Rhewlifegwyr', a oedd yn cefnogi'r ddamcaniaeth Rewlifol, a sefydlwyd yn sylweddol drwy astudiaethau gwaddodion drifft ar Foeltryfan. Oherwydd hyn dynodwyd copa Moeltryfan yn safle o Ddiddordeb Gwyddonol Arbennig (SSSI).

Mae yna amrywiaeth o gynefinoedd ar y tir comin. Dynodwyd nifer o safleoedd fel rhai Safle Bywyd Gwyllt Anstatudol gan Ymddiriedolaeth Bywyd Gwyllt Gogledd Cymru.

Erbyn dechrau'r ddeunawfed ganrif roedd criwiau o chwarelwyr wedi dechrau trawsnewid y dirwedd ar dir comin y Cilgwyn. Erbyn canol y ganrif nesaf roedd tyllau dwfn yn cael eu cloddio, ac mae'r llechi a dynnwyd o'r rhain, a'r gwastraff a adawyd ar eu holau, wedi arwain at dirwedd nodweddiadol iawn, gydag incleins, blondins, cytiau pwmpio a bastiynau anferth i ddal y llechi yn ôl . . .

Mae'r ardal wedi bod yn gartref, ac yn ysbrydoliaeth, i lawer o lenorion ac artistiaid dros y blynyddoedd. Ysgrifennodd yr enwog Kate Roberts am y cymunedau chwarelyddol yn ardal Rhosgadfan, a disgrifiodd R Williams Parry, ymhlith eraill, hanes yr ardal a'i thirwedd mewn cerddi. Mae paentiad Richard Wilson o Eryri o gyfeiriad Dyffryn Nantlle yn un o'r delweddau cryfaf sydd yng nghelfyddyd Cymru

Llwybrau Ewropeaidd i'r Tirwedd Diwylliannol

A distinctive form of settlement, particularly evident on Moeltryfan . . . is the small cottage within a small regular enclosure or 'parc', either by itself or as part of a broader pattern of smallholdings. These reflect the growing demand for labour in the slate industry . . . Other specifically quarry-nucleations are . . . Rhostryfan, Rhosgadfan, Fron and Carmel. These came into being as a result of encroachment on common land, and represent clusters of 'tai moel' within areas otherwise colonised by smallholdings.

Historic Landscape Characterisation Ymddiriedolaeth Archaeolegol Gwynedd/GAT

Mae yna rwydwaith eang o lwybrau cyhoeddus o gwmpas y tyddynnod a'r pentrefi a mynediad rhwydd i'r tir comin eang, Comin Uwchgwyrfai, sy'n cynnwys Moel Smytho, Moeltryfan, Mynydd y Cilgwyn a Mynydd Mawr. Felly mae'n gymharol hawdd llunio teithiau i ymweld â'r nodweddion hyn. Mae Cynllun Rheoli Comin Uwchgwyrfai yn gobeithio hyrwyddo defnydd hamdden o'r comin, a gosodwyd nifer o fyrddau dehongli eisoes. Lluniwyd Llwybr y Pedwar Dyffryn gan Gyngor Gwynedd, yn cysylltu dyffrynoedd chwarelyddol Ogwen, Peris, Gwyrfai a Nantlle, gyda mapiau ar gael, a theithiau byrrach o fewn y dyffrynoedd, y Llwybrau Llechi.

Cychwynir y teithiau o Gae'r Gors, ond gan bod y rhan fwyaf yn gylchoedd gellir cychwyn o bentrefi eraill, yn Rhostryfan neu'r Fron, er enghraifft.

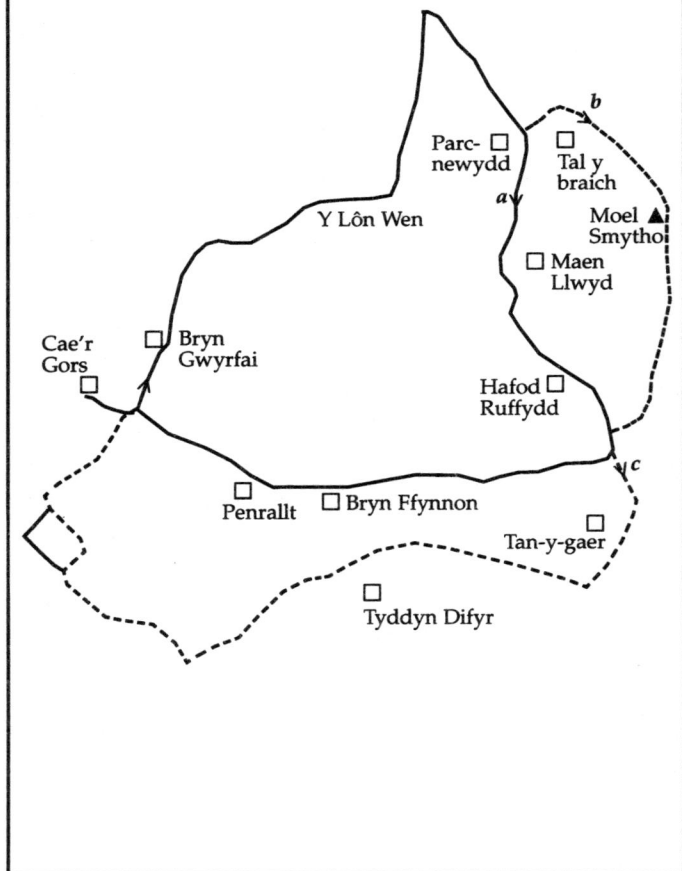

Te yn y Grug

Parc-newydd

Tal y braich

b

a

Moel Smytho

Y Lôn Wen

Maen Llwyd

Cae'r Gors

Bryn Gwyrfai

Hafod Ruffydd

c

Penrallt

Bryn Ffynnon

Tan-y-gaer

Tyddyn Difyr

Taith 1 Te yn y Grug

a) Hyd – 2.3 milltir Amser – 1¼ awr

I fyny at y groesffordd a throi i'r chwith, syth ymlaen, syth ymlaen eto am y Lôn Wen, i'r dde bron ar fan ucha'r Lôn Wen ar lwybr llydan, heibio giat Parc Newydd, at Dal-y-braich, i'r dde rhwng dwy wal heibio'r Bwrdd Dehongli, i fyny wrth gornel y wal at Maenllwyd, i'r dde ar y llwybr trol heibio Hafod Ruffydd, at y ffordd ger Tan-y-gaer, i'r dde i lawr y ffordd, syth ymlaen i lawr yr allt.

Taith gymharol fer i flasu peth o awyrgylch straeon *Te yn y Grug* a'r disgrifiadau yn *Y Lôn Wen* i ddechrau, yna yr amrywiadau yn mynd â chi ymhellach. Mae **Capel Rhosgadfan MC 1876** wedi cau bellach, yma'r âi'r teulu, yr oedd ei thaid yn un o'r blaenoriaid cyntaf pan agorwyd yn 1877.

> Soniais gynnau am y capel. Treuliem lawer o'n hamser yno. Deirgwaith y Sul, pedair gwaith os byddai cyfarfod canu pump. Yr oedd gennym athrawon da o blith y chwarelwyr a'r siopwyr yn yr Ysgol Sul, ac ni chadwai dim ni gartref. Credaf fod dadlau ac ateb cwestiynau yn nhoriad bogail chwarelwyr a'u plant. Byddai gennym gyfarfodydd yn ystod yr wythnos, cyfarfod darllen i baratoi ar gyfer yr Arholiad Sirol, y cyfarfod plant (Band of Hope) ble y caem lawer o hwyl ac addysg, y seiat lle'r adroddem adnodau a phennau pregethau'r Sul cynt.
>
> *Y Lôn Wen*

Bryn Gwyrfai, man geni Kate Roberts, yw'r chweched tŷ ar y chwith. Mae'r tai yma i gyd wedi'i codi ar wahanol gyfnodau ar dir Cae'r Gors.

Yr wyf yn bedair a hanner oed ac yr ydym yn mudo o Fryn Gwyrfai i Gae'r Gors ar draws y caeau. Y mae Mary Williams, sy'n dyfod i helpu mam weithiau, yn cario Evan, y babi, yn y siôl, yn ei llaw mae Richard, fy mrawd arall, tair oed, ac yr wyf innau'n cerdded wrth eu hochr ac yn cario sosban. Dyna fy help i yn y mudo. Mae dynion yn myned o'n blaenau yn cario'r dodrefn. Yn union o'm blaen mae dau ddyn yn cario gwaelod y cwpwrdd gwydr. Mae'r cwpwrdd yn neidio i fyny ac i lawr yn berffaith gyson. Nid wyf yn cofio cyrraedd Cae'r Gors na mynd i'm gwely am y tro cyntaf yn ein tŷ newydd. O dywyllwch i dywyllwch.

Y Lôn Wen

Roedd symud tebyg o fewn yr ardal yn beth cyffredin, parau ifanc yn chwilio am dyddyn, a'r rhai hŷn yn symud i dŷ moel. Mae **Ty'n Llwyn** ar y dde yn dyddyn nodweddiadol, yn edrych ddigon tebyg i fel y byddai ganrif a mwy yn ôl. Mae tua dau ddwsin o dyddynnod wedi'i cofrestru gan CADW yn yr ardal o Foel Smytho draw at y Cilgwyn, rhai'n adfeilion, eraill â phobl yn byw ynddynt.

Daw'r tir mynydd agored i'r golwg, yn fawnogydd a llethrau llawn grug ac eithin, yn fôr o liw at ddiwedd haf. Mae **Pont afon bach y Foty** yn lle dymunol i oedi. Saif Hafoty Pen-bryn ar draws y ffridd i'r gogledd.

Byddai'r bechgyn yn chwilio am nythod cornchwiglod ac yn pysgota yn y ffrydiau, ac ni chlywais i gystal blas ar frithyll byth wedyn ag ar y brithyll hynny a ddaliai fy mrodyr yn afon bach Pen Bryn.

Y Lôn Wen

Mae'n debyg bod pysgod yn yr afon o hyd, ond aeth y gornchwiglen yn eithriadol brin, welais i 'run yn y cyffiniau ers blynyddoedd. Y ffordd yma fyddai Begw a'i brawd bach, Rhys, wedi cerdded drwy'r eira am dŷ Nanw Sion yn stori 'Nadolig y Cerdyn'. Fedrwch chi'u gweld nhw'n cychwyn, wedi lapio fel nionod?

'Mae afon bach y Foty wedi marw,' meddai Begw,'clyw,'d oes yna ddim sŵn.'

Ond yr oedd twll bach yn y rhew yn uwch i fyny, a mynnodd Rhys gael symud ei grafat a rhoi ei glust arno.

'Na, mae 'i chalon hi'n curo'n ddistaw bach', meddai, gan feddwl cryn dipyn ohono'i hun am allu myned i fyd Begw.

Te yn y Grug

Trwy ganol y mynydd-dir hwn rhedai lôn gul a elwid yn **Lôn Wen**, oherwydd y garreg wen a oedd yn ei phridd, gallwch weld cerrig llwydion golau yma ac acw ar y mynydd. A dacw Jane Gruffydd yn mynd heibio gan daflu golwg hiraethus dros ei hysgwydd am yr Eifl.

Edrychai ar y pentref draw yn gorwedd yn llonyddwch y prynhawn. I fyny ar y chwith yr oedd y chwarel a'i thomen yn estyn ei phig i lawr y mynydd fel neidr. O bell, edrychai'r cerrig rwbel yn ddu, a disgleirient yng ngoleuni'r haul. Dyma'r chwarel lle y lladdwyd tad Ifan. Pwy, tybed, a wagiodd y wagen rwbel gyntaf o dan y domen acw? Yr oedd yn ei fedd erbyn hyn, yn sicr. A phwy a fyddai'r olaf i daflu ei lwyth rwbel o'i thop? I beth yr oedd hi, Jane Gruffydd, yn wraig ifanc o Lŷn, yn da yn y fan yma? Ond wedi'r cwbl, nid oedd waeth iddi yn y fan yma mwy nag yn Llŷn. Yr oedd yn rhaid iddi fod yn rhywle. Ac i beth y breuddwydiai fel hyn?

Traed Mewn Cyffion

Ac yn sicr i chi y ffordd yma y cerddodd Begw a Mair i fynd am bicnic ar y mynydd, a'r jeli'n crynu'n ddisgwylgar yn y fasged.

Ychydig bach cyn troi i'r mynydd, pwy a welsant ar y ffordd ond Winni Ffinni Hadog, yn sefyll â'i breichiau ar led fel petai'n gwneud dril.

'Chewch chi ddim pasio,' meddai hi yn herfeiddiol.

A dyma'r ddwy arall yn ceisio dianc heibio iddi, ond yr oedd dwy fraich Winni i lawr arnynt fel dwy fraich sowldiwr pren. Wedyn dyma hi'n gafael yn llaw rydd pob un ac yn eu troi o gwmpas.

'Rydw i'n dwad efo chi'r mynydd,' meddai.

Te yn y Grug

Wedi troi oddi ar y ffordd cerddwn drwy ganol y grug a'r eithin draw am **Tal-y-braich**, yr adfail sy'n swatio dan Foel Smytho mewn sgwaryn o gaeau, hwn ydi tŷ Nanw Siôn yn bendant i mi.

'Yli', meddai, 'dacw fo.'

'Be?'

'Tŷ Nanw Sion.'

A dyna lle'r oedd ei thŷ yn swatio dan gysgod twmpath, a'r Mynydd Grug y tu ôl iddo fel blawd gwyn wedi ei dywallt o bowlen fawr.

Te yn y Grug

Yn ei meddwl ei hun yr oedd yn berffaith sicr bod gweithio yn y chwarel a chadw tyddyn yn ormod o waith. Gwyddai ddigon, drwy glywed, am y chwareli i wybod mor ansicr oedd y cyflog, ac yr oedd yn beth braf iawn bod mewn llawnder o laeth a menyn. Poenai un peth hi'n fawr, a hynny oedd cyflwr y tŷ.

Traed Mewn Cyffion

Tal-y-braich oedd Ffridd Felen, cartref Ifan a Jane Gruffydd yn y ffilm o *Traed Mewn Cyffion*, mi welwch luniau ar y bwrdd dehongli wrth gornel y wal. Yn rhywle tebyg i'r fan yma ar lecyn gwastad gweiriog fyddai Winni wedi gorchymyn Begw a Mair,

'Mi'r ydw i wedi blino'n lân, mae arna' i eisio bwyd,' meddai Winni, gan dynnu ei dwylo o ddwylo'r ddwy arall.

'Mae'r clwt glas yma wedi'i wneud ar ein cyfar ni.'
Ac eisteddodd ar glwt glas o laswellt yng nghanol y
grug.

'Rwan, steddwch,' meddai fel swyddog byddin.

Ni allai'r ddwy arall wneud dim ond ufuddhau, fel
petaent wedi eu swyngyfareddu.

Te yn y Grug

A dyna Winni'n dechra sglaffio'r bwyd, gan gynnwys y
jeli.

Mae Moeltryfan a Chors y Bryniau o'n blaen wrth i ni
gerdded ar y mynydd, a'r **tyddynnod** niferus ar bob
tamaid o dir gwerth ei gau.

Mae enwau'r tai yn dystion i'r tir a'r tywydd. Y
Manllwyd, Glan y Gors, Cae'r Gors, Y Gors, Y Gors
Goch, Hafod y Rhos, Bryn Crin, Pen y Ffridd, Ty'n y
Fawnog, Bryn y Gwynt. Byddaf yn gweld rwan ryw
hen lyn yn y gors o dan gapel y Foel, wedi rhewi'n
gorn yn y gaeaf, ambell dusw o frwyn ar ei wyneb, y
gwynt wedi chwythu graean drosto, a chlywaf yr un
gwynt yn chwibanu drwy'r brwyn.

Y Lôn Wen

Gellir gweld pa mor olau yw lliw'r cerrig ddaeth i'r
wyneb wrth glirio ffos ar ochr y llwybr. Pan ddown at y
tro yn y ffordd mi welwch y nant a welsom yn gynharach,
afon bach y Foty, yn llifo dan y bont a thrwy'r gors. Gellid
ei dilyn at ei tharddiad mewn pwll. Awn heibio tyddyn

Pantiau, o edrych ar y caeau daw'r rheswm dros yr enw yn amlwg.

Brynffynnon oedd cartref taid a nain Kate Roberts ar ochr ei thad.

> Mae mam a'r hogia a finna yn mynd i Fryn Ffynnon, tŷ taid a nain, i gario gwair. Yr ydym yn dringo ac yn dringo nes cyrraedd Pen'Rallt Fawr. Yr ydym yn stopio ac yn edrych yn ôl. Yr ydym yn gweld reit at Bont y Borth, ond yn gweld peth arall na fedrwn byth ei weld o'n tŷ ni – y Lôn Wen sy'n mynd dros Foel Smatho i'r Waunfawr ac i'r nefoedd. Mae hi'n mynd rhwng y grug ac yn cyrraedd llidiart y mynydd cyn disgyn i Alltgoed Mawr. Ni welwn hi wedyn. Mae llawer o bobl yn y cae gwair a llawer o blant, fy nghefnder a'm cyfnitherod, ac ni chawn fynd ar ben y das wair. Nid ydym yn neb yn y cario gwair yma, ac nid oes neb yn cymryd sylw ohonom.

Y Lôn Wen

Ym **Mhenrallt** roedd Gwynfa Williams yn byw, un o'r ola o'r tyddynwyr-chwarelwyr, mae'r geiriau ar ei garreg fedd ym mynwent Hermon gerllaw yn dweud cyfrolau amdano.

> Cofio'r cymwynasau parod,
> Cofio'r cellwair, cofio'r wên,
> Cofio'r galon lân ddiwenwyn,
> Cofio'r geiriau clên.
>
> *GR*

Ar ein pennau â ni'n ôl am Gae'r Gors.

b) Hyd – 2.5 m   Amser – 1¹/₂ awr

Fel a) at Tal-y-braich, i'r chwith wrth y wal, ac i'r dde i fyny at gopa Moel Smytho, i lawr yr ochr arall, at y ffordd ger Tangaer, yn ôl wedyn fel taith 1a

Mae gan KR nifer o gyffyrddiadau amgylcheddol yn ei llyfrau.

Gwir hyfrydwch inni oedd mynd i'r mynydd i droi ein traed fel y mynnem ar ddydd o haf. Darganfod am y tro cyntaf y llysieuyn hwnnw, 'Corn carw', a thynnu ei gordeddiadau cyndyn oddi am fonnau'r grug, gan obeithio na thorrai cyn inni gael llathenni ohono. Yna hel gruglus, y llus bychain, chwerw eu blas, a dyfai yng nghanol y grug. Cymerai amser hir i gael digon i wneud teisen blat ohonynt, ond byddai'r deisen hono yn llawer gwell na theisen lus.

Y Lôn Wen

Fedrwch chi ddychmygu teulu'n byw yma yn **Nhal-y-braich** yng nghesail y mynydd? Lle hyfryd ar dywydd braf, ond yn eitha tebyg o gael eu cloi i mewn gan eira. Tydi **Moel Smytho** fawr o fynydd ond mae'n werth yr ymdrech i gyrraedd ei gopa. Mae'r olygfa o'r bryniau yma sydd rhwng y mynyddoedd uwch a llawr gwlad yn drawiadol, o Foeltryfan a Mynydd y Cilgwyn, ac felly yma. Rhed y llwybr i fyny'r mynydd ar dir gwlyb un funud, yn garregog y munud nesa, ac ôl cryn erydu arno, yn agos i'r copa mae'n graith lydan. Mae'r tir mawn yn hynod fregus, unwaith y collir y gramen o wair a grug gall erydiad ddigwydd yn gyflym iawn, mae'n broblem dros y comin erbyn hyn. Saif ehangder gwastad Cors-y-bryniau yn syth o'ch blaen, a **Than-gaer** yn swatio o dan lethr Moeltryfan.

Un peth a hoffem yn fwy na dim fyddai gweld pobl yn galw gyda'r nos yn enwedig os byddent yn bobl ddiddorol ac yn gallu dweud straeon. Un o'r rheini fyddai Ann Jones, Tan Gaer, oedd yn byw ymhell o'r capel wrth ymyl y chwarel. Felly pan fyddai cwarfod byddai hi yn dwad i lawr efo'i thri phlentyn, ac yn aros yn ein tŷ ni tra byddai'r plant yn y cyfarfod. Wedyn deuai'r plant i lawr efo ni a chael tamaid o fwyd cyn cychwyn adref. Yr oedd hi a'i gŵr yn rhai glân eu clonnau ac yn ddigri, y ddau ohonynt, y hi yn ffraeth iawn ei thafod. Byddai ganddi storïau am yr amser yr oedd yn gweini yn Llanwnda.

Y Lôn Wen

c) **Hyd – 3m   Amser – 1¹/₂ awr**

Fel b) at Tan-gaer, troi i fyny i gyfeiriad y domen, i'r dde ar lwybr defaid wrth gongl y wal, i'r chwith o dan gaeau Tyddyn Difyr, at safle capel Hermon, i lawr y ffordd yn ôl i'r pentra/ neu i'r dde heibio Gors Goch at Benrallt.

Daw tyddynnod llethrau Moeltryfan i'r golwg, rhwng y pentra a'r mynydd, a'r uchaf ohonynt, hanner ffordd i fyny'r mynydd gyda'i sgwaryn o gaeau, yw **Tyddyn Difyr**. Mae'n ddifyr pendroni sut cafodd y tyddynnod eu henwi. Mae'n bosib mai ar noswaith o haf a'r haul yn machlud yn goch dros y môr a'r chwarelwr balch yn gorffwys wedi gorffen toi ei gartref newydd, yn eistedd ymysg y grug yn un o'i gaeau newydd gaeedig ac yn dweud yn fodlon flinedig, 'Dew, dyma le difyr i fyw.'

Un o'r boreau hynny yn yr haf ydoedd, pan fydd edafedd y gwawn yn dew, neu'n hytrach yn deneu ar hyd y perthi, a sŵn traed a siarad chwarelwyr i'w glywed fel sŵn gwenyn yn y pellter agos. Safai William Gruffydd a'i bwysau ar ddôr bach yr ardd a'i olygon yn edrych ymhell, heb fod yn edrych i unman yn neilltuol . . .

Yr oedd tair blynedd bellach er pan roddodd oreu i'r chwarel a symud o Fryn y Fawnog i Fodlondeb, o'r tyddyn i'r tŷ moel. . . Treuliai ei amser a'i bwysau ar ddôr yr ardd . . . Mewn gair yr oedd ar goll oddiar y dydd y gadawodd y chwarel. Y mae'n wir bod ganddo atgofion melys am Fryn y Fawnog.

Newid Byd, O Gors y Bryniau

Be mae anghysbell yn ei olygu i chi? I drigolion y dref? I'r tyddynwyr roedd cymdogion yn byw o fewn cyrraedd cymwynas. Megid ymlyniad rhyfedd at y cartref, pa mor galed bynnag fyddai'r ymdrech i fyw ynddo.

Tyf grug neu lus dros nifer o feddau di-garreg ym **Mynwent Hermon**, adlewyrchiad o'r tlodi mae'n debyg. Cawn dystiolaeth o'r amodau byw caled, nifer o fabanod a phlant ifanc yn marw, er enghraifft:

Teulu Fronwydr wedi colli pedwar dan bedair oed, ac un arall yn ugain oed.

Jennie Jones, Tŷ Crwn, a fu mewn damwain tra'n mynd gyda Côr Rhosgadfan i Eisteddfod Chwilog, 26 Rhagfyr, 1924, bu farw Ionawr 1, 1925 yn 19 oed.

Roedd gweithio yn y chwarel yn gallu bod yn beryglus, a bu nifer o ddamweiniau angeuol.

Richard W Hughes, Nant Bach, yn Chwarel Penyrorsedd, Ionawr 1888, yn 55 oed.

John J Parry, Bryn Meddyg, yn Chwarel Alexandria, Hydref 1899 yn 41 oed.

William W Roberts, Penybraich, yn Chwarel Alexandria, Ionawr 1908 yn 42 oed.

Robert Davies, yn Chwarel Moeltryfan, Awst 1913 yn 55 oed.

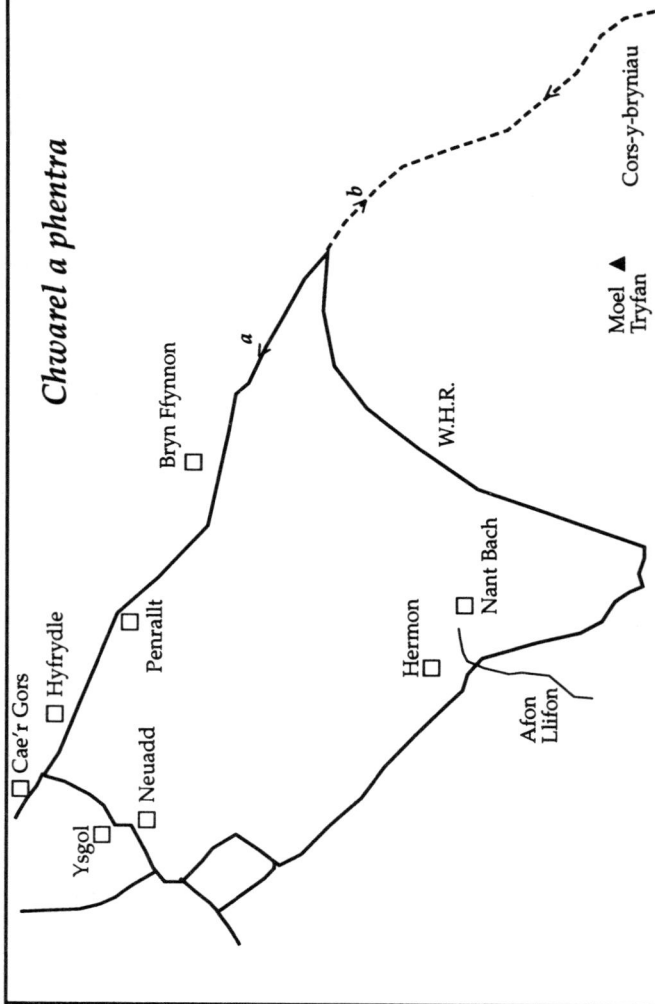

Chwarel a phentra

Cae'r Gors

Hyfrydle

Ysgol

Neuadd

Penrallt

Bryn Ffynnon

Hermon

Nant Bach

Afon
Llifon

W.H.R.

Moel ▲
Tryfan

Cors-y-bryniau

a

b

Taith 2 **Chwarel a phentra**

a) Hyd – 2.3m Amser – 1¼ awr

I'r dde yn y groesffordd a thrwy'r pentra, syth ymlaen yn y groesffordd ac yna'r fforch i fyny i'r chwith, heibio Capel Gorffwysfa, i'r chwith eto, at safle Capel Hermon, i fyny'r ffordd ac yna dilyn y llwybr ar y dde, yr hen ffordd haearn, i'r chwith wrth odre'r mynydd, rhwng y waliau, ymlaen nes bo llwybr amlwg ar y chwith i lawr am Benrallt, dilyn y ffordd i lawr yn ôl at Gae'r Gors.

Cawn olwg ar brif adeiladau cyhoeddus Rhosgadfan, ar fwy o'r tyddynnod, a'r olwg gyntaf ar y chwareli. Dyma fyd plentyndod Kate Roberts. Yn union wedi troi yn y sgwâr mae **Hafod y Rhos isa** ar y chwith wrth ochr Isfryn, yma y daeth hen daid a nain KR ar ochr ei thad pan ddaethant i'r ardal i fyw.

Pentref amlwg, digysgod oedd Rhosgadfan, y mynyddoedd i'r de inni a'r môr i'r gogledd. Wynebem wynt y Gogledd a gwynt y Gorllewin; yr oeddem o fewn tair milltir i'r môr, yn ddigon agos i'w heli lynu yn ein ffenestri pan chwythai o'r cyfeiriad hwnnw. Caem fwy o eira na'r lleoedd rhyngom â'r môr, a chryfach glaw a gwynt. Gwynt oer a daear lwyd yn y gaeaf . . . Pentref hyll yw'r pentref ei hun, er na feddyliem ni am bethau felly pan oeddem yn blant, ac ni fyddai arnom byth eisiau ei adael. Nid i'r dref y byddai ein tynfa, eithr i'r mynydd ac ar draws y llechweddau.

Y Lôn Wen

I **Ysgol Rhostryfan** yr aeth KR, mae'n bentra 'chydig yn hŷn gydag ysgol ers yr 1870au. Yn 1900 yr agorwyd Ysgol Rhosgadfan felly byddai ei dau frawd ieuengaf, Evan a David, wedi bod yn ddisgyblion yma.

Yr ochr groes i'r ysgol mae safle'r **Neuadd Goffa**. Codwyd y neuadd yn 1933 gyda'r agoriad swyddogol yn 1934 gan Edward V11 y 'Tywysog Cymru' honedig. Bu'n lle prysur iawn am hanner can mlynedd a mwy. Cafwyd sawl dadl boeth rhwng pwyllgor tim Bryncoch, Wali, Tecs ac Arthur Picton yma. Fe'i difrodwyd gan dân yn Ionawr 2004, a chan mai adeilad pren ydoedd fe losgodd yn ulw. Mae'r garreg i goffau'r hogia gollwyd yn y ddau Ryfel Byd bellach yn ddiogel ar wal y Post yng Nghlwb Cymdeithasol Mountain Rangers. Effeithiodd y Rhyfel ar sawl teulu yn yr ardal, gan gynnwys teulu Kate Roberts, bu farw David ym Malta yn 1917 a clwyfwyd Evan ym Mrwydr y Somme. Daw profiadau'r teulu i'r wyneb mewn sawl stori ganddi, yn enwedig yn *Traed Mewn Cyffion*. Beth wnaeth iddi ddechrau ysgrifennu?

Marw fy mrawd ieuengaf yn rhyfel 1914-18, methu deall pethau a gorfod sgrifennu rhag mygu.

Crefft y Stori Fer

Gwyddent yn yr amser a fu am ymladd, ymladd am le i'w tyddynnod ar y comin, gyda'r meistr tir, ond fe wyddent am beth yr ymladdent pryd hynny, ac ni chollid bywyd. Ond ni wyddent am beth yr ymladdent yn awr. Pobl ddall oeddynt yn ymbalfalu ar barwydydd y byd.

Tegwch y Bore

Awn heibio Jericho a throi i fyny'r allt. Mae amryw o enwau tai ar lechi yn y pentrefi chwarelyddol, fel Bodaethwy. Golwg digon di-raen sydd yna ar **Gapel Gorffwysfa A 1903**, sylwch ar y giat a wnaed yn y Brunswick Ironworks, Caernarfon. Mae Caeau Ucha wedi'i adnewyddu, a thri tŷ newydd sbon rhyngddo â Rhes Ganol. Wedi cyrraedd pen yr allt daw Moeltryfan i'r golwg yn syth o'n blaenau, a'r tomennydd fel hen byramidau, ac ymhellach draw ar y dde mae Bwlch y Llyn, Mynydd y Cilgwyn a Charmel. Bu Owen Roberts, taid KR, yn cerdded o Frynffynnon i chwarel y Cilgwyn, gyda'i feibion, ei hewyrth Robert, a'i thad Owen.

Ni chafodd ysgol ar ôl pasio ei naw mlwydd oed . . .
Ond bore trannoeth ar doriad y dydd, yr oedd fy nhad yn cychwyn gyda'i frawd ddyflwydd yn hŷn, a'i dad am chwarel y Cilgwyn. Bu'n gwneud y daith honno am yn agos iawn i hanner canrif (1860 i 1907)

Y Lôn Wen

Lladdwyd ei hewyrth Robert mewn damwain yno ac yntau ond yn ddeuddeg oed a'i thad yn ddeg oed ar y pryd.

Yr oedd yn gweithio yn y twll, er ei ieuenged, a daeth cwymp mawr o graig i lawr a'i gladdu dani. Buwyd fis heb gael ei gorff . . . (gan) fod gwynt y cwymp wedi taflu'r bachgen lathenni lawer o'r man lle safai, a hwythau yn chwilio amdano yn y fan honno, ac yn lluchio mwy o'r graig arno, mae'n siwr. Ymhen blynyddoedd, wedi llwyr glirio'r cwymp, daeth fy nhaid o hyd i glocsen Robert.

Y Lôn Wen

Down at **Gors Tan-foel**, un o amryw yn y cyffiniau ble codid mawn gan ffermwyr yr hafotai a'r hendrefau, mae'r Gors Goch draw i'r chwith. Wedi codi'r tyddynnod roedd mwy o alw am fawn, dihysbyddwyd y corsydd agosaf a bu raid mynd i ochr bella Moeltryfan i godi mawn, i Gors y Bryniau. Gwelir planhigion tir corsiog ynddynt, megis plu'r gweunydd, chwys yr haul, ffa'r corsydd, gold y gors, iris melyn, blodyn y gôg, ynghyd ag amrywiaeth o fwsoglau, eithin, brwyn a grug.

Golygfa gyfarwydd i mi o gopa Mynydd y Cilgwyn oedd gweld **Capel Hermon A 1862** yn swatio dan domennydd y chwarel, 'capal Foel' ar lafar. Cynhelid eisteddfod boblogaidd iawn yma ers talwm. Dirywio wnaeth cyflwr yr adeilad yn nannedd y ddrycin, prinhau wnaeth y gynulleidfa wedi i'r tyddynwyr-chwarelwyr adael, a'r cam anorfod fu dymchwel yr adeilad.

Hermon, Moeltryfan
1862 –1996

> Y Foel wedi ei ddadfeilio – sy'n aros
>   Yn awr, ond wrth wrando
> Yn iawn, mae Hermon heno
> Fan hyn yn canu'n y co.

Mei Mac

Nant Bach yw'r tyddyn yr ochr ucha i'r fynwent, a cwyd un o darddiadau afon Llifon yn y cae isa, gan lifo o dan y ffordd ac i'r gors gyferbyn. (Mwy am hyn yn nhaith **Dilyn afon Llifon**)

Gadewch y ffordd yn y pant i ddilyn llwybr yr hen ffordd haearn, Cangen Bryngwyn o'r *Welsh Highland Railway*, at odre Moeltryfan, heibio gweddillion Penclawdd. Mae pentref Carmel ar ochr y môr i Fynydd y Cilgwyn a thyddynnod ochr y Bryn i'w gweld yn y pellter. Trown i'r chwith rhwng dwy wal o bennau llifiau llechi tu ucha i ben y ffordd. Ardal Hen Gapel yw'r clwstwr tai yma oddi tan y llwybr, roedd enwau ar ardaloedd fel hyn cyn bod y pentref. Aiff y ffordd haearn o gwmpas y mynydd at chwarel Cors y Bryniau. Tu draw i'r waliau mae tomenydd bob ochr i'r llwybr, yma'r oedd ceg y Lefel fawr a dyllwyd o'r chwarel o dan y mynydd, yn 700 llath o hyd. Ymlaen nes dod i olwg y domen o'n blaenau, a throi i lawr ar lwybr amlwg yn syth am Benrallt, ond oedwch ennyd cyn troi. Dyma'r lle i werthfawrogi'r olygfa. Oddi yma gallwn amgyffred pa mor agos yw'r ardaloedd chwareli eraill, yn syth o'n blaenau mae triongl ucha Elidir, a thu draw iddo mae chwarel y Penrhyn, gyda creithiau chwarel Dinorwig o'r golwg tu ôl i Foel Eilio, a mân chwareli dyffryn Gwyrfai yn nes byth. Yn nes atom mae Moel Smytho a'r Lôn Wen yn dolennu tuag at Allt Coed-mawr a'r Waunfawr.

Cyrhaeddasant y ffordd drol a arweiniai i'r mynydd, yr un mynydd yr aethant drosto wrth fyned i dŷ nain Ifan. Yr oedd y ffordd yn gul ac yn galed dan draed. O

boptu yr oedd y grug a'r eithin, y mwsogl llaith a'r tir
mawn. Yr oedd yr eithin yn fân ac ystwyth a'i flodau
o'r melyn gwanaf megis lliw briallu, a'r grug cwta'n
gyferbyniad iddo ef a'r tir mawn oedd o'i gwmpas.
Rhedai ffrydiau bychain o'r mynydd i'r ffordd, a
llifent ymlaen wedyn yn ddŵr gloyw hyd y graean ar
ei hochr. Weithiau rhedai'r ffrwd i bwll ac arhosai felly.
Croesai llwybrau defaid y mynydd yn groes ymgroes
ymhob man, a phorai defaid a merlod mynydd llaes eu
cynffonnau hyd-ddo. Yr oedd popeth a gysylltid â'r
mynydd yn fychan – yr eithin, y mwsogl, y defaid, y
merlod.

Traed Mewn Cyffion

Wrth droi i lawr y mynydd daw Caernarfon, ynys Môn
a'r arfordir o'r Eifl draw at Benmaenmawr o flaen ein
llygaid. I lawr â ni at waliau Brynffynnon, cartref taid a
nain Kate Roberts. Meddyliwch am gerdded o'r fan yma
i'r Cilgwyn yn y bore bach, cyflawni diwrnod caled o
waith, a cherdded yn ôl yn lluddiedig, a gwaith yn galw
ar y tyddyn gyda'r nos wedyn.

Adrodd yr oedd ei dad stori a glywsai'r bachgen
ddegau o weithiau erbyn hyn. 'Mi glywis y nhad yn i
deyd hi ddega o weithia.'
    Dyna fel y dechreuai tad Tomos bob amser.
'Doeddwn i ddim wedi fy ngeni,' âi ymlaen, 'ond mi
glywis y nhad yn deyd hanas Tomos, i fab hyna, lawar
gwaith, fel yr ath o allan at y beudy un nos Sul wedi
dwad o'r capal, ac fel y rhoth rhyw hen dderyn mawr
dair sgrech wrth i ben o. Mi redodd yr hogyn i'r tŷ

wedi dychryn am i hoedal, a deyd wrth mam nad âi o ddim i'r chwaral dronnoth- bod rhwbath yn siwr o ddigwydd. 'Taw a chyboli,' medda mam, 'coel gwrach ydi peth fel 'na.' Wel, mynd i'r chwaral ddaru o beth bynnag, ac mi ddoth ffôl fawr i lawr, ac mi gladdwyd ynta dani. Mi fuon heb gâl 'i gorff o am dair wsnos, a'i arch yn y chwaral o hyd. Ia wir, fachgan, ma hi dipyn gwahanol 'rwan. Deuddag oed oedd Tomos pan gafodd o 'i ladd, ac yn gweithio ers tair blynadd.'

Y Man Geni, O Gors y Bryniau

I lawr allt bob cam rwan. Ar y dde ychydig cyn cyrraedd y capel mae **Hyfrydle**, cartref Richard Hughes Williams (Dic Tryfan) neu 'Dic Huws Hyfrydle' fel yr adwaenid ef. Chwarelwr am gyfnod byr, gohebydd, un o arloeswyr y stori fer, a'i straeon yn ddifeth am gymdeithas y chwarel. Dyma ddywed E Morgan Humphries yn ei ragymadrodd i'r gyfrol *'Storïau Richard Hughes Williams.'*

Byr oedd ei oes, a digon helbulus ar rai cyfrifon. Ychydig a wyddai amdano, cyfyng oedd cylch ei gydnabod, ac anghofiwyd ef gan y rhan fwyaf yn fuan wedi ei farw. Ni chafodd lawer o glod hyd yn oed yn ei ardal ei hun.

A dyma ddywed Kate Roberts amdano.

Ond rhaid dweud cymaint â hyn, mai ef yw arloeswr y stori fer Gymraeg fel yr adwaenwn y term heddiw . . . Yn Eisteddfod Genedlaethol Bangor 1915 yr oedd cystadleuaeth ysgrifennu tair stori fer seiliedig ar fywyd Cymreig, Richard Hughes Williams gafodd y wobr, ac mae un o'r storïau hynny, 'Yr Hogyn Drwg', gyda'r goreuon o storïau byrion Cymraeg . . . Ymlafniodd gyda'r ffurf, astudiodd hi'n drwyadl, mwydrodd arni. Ni allai siarad am fawr ddim arall, a gwnâi i chi wrando ar dameidiau o'i waith, nid am ei fod yn hunan-dybus (yr oedd yn ddyn gwylaidd iawn), ond am ei fod wedi ymgolli yn ei ysgrifennu. Llawer gwaith y clywais ef yn darllen peth o'i waith i mi, pan fyddai ar ei hanner, a minnau heb fod â llawer o ddiddordeb yn y stori fer . . .

Siarad yw llawer o'i storïau, siarad chwarelwyr, siarad cwta, idiomatig, weithiau'n brudd, weithiau'n ddigrif. Trwy ei siarad mae wedi medru cyfleu chwarelwyr y cyfnod tlawd hwn i'r dim. Dyma ddarlun perffaith ganddo o chwarelwyr y cyfnod.

'Yr oedd yn ddiwrnod oer a gwlyb, ac yswatiai'r chwarelwyr yn y cytiau sâl â golwg ddigalon iawn ar eu hwynebau llwyd.

'Os na chawn ni well tywydd na hyn', ebe un ohonynt, oedd yn sefyll wrth y drws gyda sach dros ei ysgwyddau, 'mi lwgwn fel llygod.'

Dau Lenor o ochrau Moeltryfan

Rhyfedd i ddau a arbenigodd ym maes y stori fer fod yn byw mor agos i'w gilydd. Ar y groesffordd mae **Capel Rhosgadfan**, hyd yn hyn.

Adeiladwyd y capel presennol yn 1876, a'i agor yn 1877 gyda 66 o hen aelodau Rhostryfan. Yr oedd fy nhaid, Owen Roberts, Bryn Ffynnon, tad fy nhad, yn un o'r blaenoriaid cyntaf . . . Byddaf yn meddwl yn aml, os bu lle am nofel ag iddi arwyr ag arwriaeth, mai dyma lle y mae maes anghyffredin o gyfoethog i'r nofelydd . . . Rhaid fod rhywbeth mawr y tu ôl i aberth y bobl hyn. Nid yn unig yr aberth o fynychu moddion gras wedi gwaith caled y dydd, eithr yr aberth o roi o enillion prin i dalu am y capel. Dynion syml oeddynt, neu dyna fel y tybiwn, ond yr oedd eisiau rhyw sylfaen fwy na symlrwydd i allu gwneud y pethau yna. Mae wynebau eu disgynyddion yn dangos eu bod o dras uchel o ddiwylliant. Nid mewn un genhedlaeth y megir cryfder cymeriad na harddwch wynepryd, na balchder mewn ymddangosiad. Nid taeogion ddaeth i Ddyffryn Nantlle i ddechrau gweithio'r llechen ac i godi addoldai.

Y Lôn Wen

b) Hyd – 3m Amser – 1¹/₂ awr

Fel a) at yr hen ffordd haearn, ymlaen ar yr un llwybr o gwmpas y mynydd nes dod i olwg Chwarel Cors y Bryniau, yn ôl wedyn ar yr un llwybr a gorffen fel taith 2a.

Mae'r **tomennydd** cynharaf yn tynnu at ddwy ganrif oed a thros amser mae natur yn raddol ail-afael, a bellach mae nifer o blanhigion yn tyfu arnynt, rhedynnau, briweg y cerrig, mwsogl, rhai coed a llwyni ar y tomenydd hynaf, ac amrywiaeth da o gen.

Anaml yr aem i gyfeiriad y chwarel, o'r hyn lleiaf y ni,

y genod. Byddai arnaf fi ofn edrych i waelod twll y chwarel. Ond yno yn y domen rwbel y darganfuom y rhedyn hwnnw a elwir yn 'rhedyn mynydd' neu 'redyn chwarel' – 'parsley fern' yn Saesneg. Dotiem arno, a cheisiasom ei dyfu gartref, ond ni welais neb yn llwyddo i'w dyfu. Y llechen las oedd ei gysgod a'i nodd.

Y Lôn Wen

Rhed yr hen ffordd haearn rhwng y tomennydd ac yna agora'r olygfa o'n blaenau, ysblander y mynyddoedd gyda crib Moel Eilio a Mynydd Mawr yn fframio'r Wyddfa, a daw creithiau'r gorffennnol prysur yn amlwg. Ar y tir gwastad gwelir olion siediau Cors y Bryniau, llwythid y llechi gorffenedig i'r wagenni yma a'u cario ar y ffordd haearn i lawr am y Bryngwyn, Dinas a Chaernarfon. Gellir gweld tyllau **Chwareli Cors y Bryniau a Moeltryfan** oddi yma.

Gofal – peidiwch mynd yn rhy agos at ymyl y twll.

Y mae hi'n ddydd byr yn niwedd blwyddyn ac yn nosi cyn i'r bobl gyrraedd adref o'r chwarel. Af allan i'r lôn mewn hanner ofn, hanner chwilfrydedd. Daethai murmur fod damwain wedi digwydd yn chwarel Cors y Bryniau ar fin caniad. Af yn wyliadwrus, ofnus drwy'r llidiart a chyn gynted â'm bod wedi ei hagor mae trol yn myned heibio a chorff dyn arni. Mae sachau dros y corff ond y mae esgidiau hoelion mawr y dyn, sydd wedi eu gorchuddio â chlai, heb eu cuddio. Mae chwarelwyr yn tywys y

Cae'r Gors cyn ei adfer

Cae'r Gors, 2007

Llyn Nantlle

Machlud dros Abermenai

Maen Dylan

Twll Braich

Tal-braich, Moel Smytho

Parc Newydd a Moel Smytho

Llwybr crawia heibio Twll Braich – criw Cymdeithas Edward Llwyd

Capel Rhosgadfan

Criw Cymdeithas Edward Llwyd, Cors y Bryniau

Pantcelyn

Criafolen, Allt Coed-mawr

Rhedyn persli

Yr Erw

Llyn y Dywarchen

Moeltryfan

Yr Eifl o'r Cilgwyn

O Fynydd y Cilgwyn tua'r Wyddfa

Plas Braich, Y Fron

Rhos y Pawl

Chwarel Dorothea

Plas Talysarn

Chwarel Cors y Bryniau

Pont y Cim, Brynaerau

Mynydd Grug

44

Hermon, Moeltryfan

Tyddyn Engan

Tyddyn Rhosgadfan

Ysgol Rhostryfan

Cwm Du a Mynydd Grug

Ty'n Llwyn

Copa Moel Smytho – tua Dyffryn Gwyrfai

Hyfrydle, cartef Dic Tryfan

ceffyl a dynion eraill yn cerdded o boptu i'r drol gyda'u pennau i lawr. Rhedaf i'r tŷ wedi dychryn. Yr oedd y dyn yn fyw wrth basio ein tŷ ni i'r chwarel y bore yma; mae'n mynd adre heno ar drol, wedi marw. Mae'r peth yn rhy ofnadwy.

Y Lôn Wen

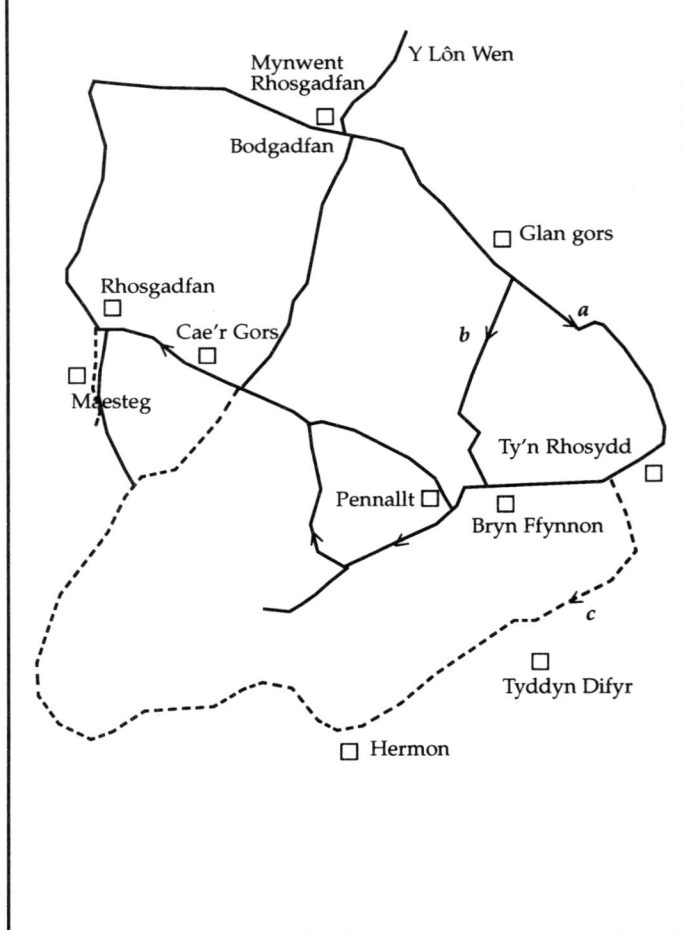

Rhigolau Bywyd

Y Lôn Wen

Mynwent
Rhosgadfan

Bodgadfan

Glan gors

a

Rhosgadfan

b

Cae'r Gors

Maesteg

Ty'n Rhosydd

Pennallt

Bryn Ffynnon

c

Tyddyn Difyr

Hermon

Taith 3 **Rhigolau Bywyd**

a) Hyd – 1³/₄ m Amser – awr

I lawr y ffordd at y gyffordd, i lawr eto, y cyntaf i'r dde, i fyny heibio'r fynwent, syth ymlaen heibio Bodgadfan Ucha a Thy'n Llwyn, i fyny'r llwybr trol ar y dde, heibio Glangors, trwy'r giat a chadw'n agos i'r wal ar y dde, i'r ffordd ger Ty'n Rhosydd, i'r dde, i'r chwith uwchben Penrallt, i lawr y llwybr cyhoeddus ar y dde, i'r chwith yn y ffordd ac i lawr yn ôl i Gae'r Gors.

Taith o gwmpas cyrion y pentra, i weld y tyddynnod cynharaf, ar y tir gorau, a chip ar rai o'r bobl a adwaenai Kate Roberts. Edrychwch i lawr o ddrws Cae'r Gors, faint o newid sy'n yr olygfa erbyn heddiw?

Yr wyf yn saith a hanner oed, yn eistedd yn y lôn wrth ymyl y llidiart. Mae carreg fawr wastad yno, a dyna lle'r eisteddaf yn magu fy mrawd ieuengaf, Dafydd, mewn siôl. Yr wyf yn eistedd gymaint yno fel fy mod wedi gwneud twll hwylus i'm traed. Mae'n ddiwrnod braf. O'm blaen mae Sir Fôn ac Afon Menai, Môr Iwerydd yn ymestyn i'r gorwel, Castell Caernarfon yn ymestyn ei drwyn i'r afon a'r dref yn gorff bychan o'r tu ôl iddo. Mae llongau hwyliau gwynion, bychain yn myned trwy'r Bar, a thywod Niwbwrch a'r Foryd yn disgleirio fel croen ebol melyn yn yr haul. Nid oes neb yn mynd ar hyd y ffordd, mae'n berffaith dawel.

Y Lôn Wen

Gyferbyn ar ochr y ffordd sy'n mynd i fyny am ganol y pentra mae tŷ moel **Maesteg**, ble symudodd Owen a Catrin, rhieni Kate Roberts, yn 1923 yn eu henaint, pan aeth cadw tyddyn yn ormod o faich. Bu eu mab Evan yn byw yno gyda hwy tan 1927. Bu farw Owen yn 1931. Cyn lledu'r ffordd safai **Penffordd**, 1798 yma.

Yna tua naw, caem baned o de a brechdan a chaws, neu hadog, pan fyddai John Jones o Gaernarfon yn dwad o gwmpas ar nos Fawrth. Caem fara ceirch efo'r caws, wedi i Elin Jones Penffordd ei wneud, rhai mawr yn cyrlio fel basged.

Atgofion

Yr un Elin Jones a gollodd ddau o blant, Mary yn 5 oed yn 1876 a Hugh yn 16 oed yn 1883.

Y tyddyn hynaf un yn yr ardal yw **Rhosgadfan**, a godwyd yn 1797. Gallwch weld yr adfail tu cefn i Bryn Myfyr.

> Rhiniog dan glwm y dreiniach – a'i denant
> Ydyw'r danadl bellach;
> Nenbrennau yn y brwynach
> A thŷ byw yn dwmpath bach.

T Llew Jones

Codwyd rhai o'r **tyddynnod** cynharaf ar y sgwaryn yma o dir yr ochr isa i'r pentra. Ceir amrywiaeth yn ymddangosiad y tai, mae rhai newydd sbon, rhai wedi'i moderneiddio, rhai gyda heulfan, ac ambell un yn parhau i edrych yn debyg i fel y byddai'r tyddynnod ddwy ganrif yn ôl. Mae Tyddyn Hen 1806 ar y gongl, Gaerddu 1802 a Llys Owain yn y caeau ar y dde, Lloches a Rhoslan yn dai diweddar, Cadfan Isa wedi'i ymestyn yn sylweddol, Ty'ngadfan 1820, Ty'n Rhosgadfan 1805, Awel y Grug ble'r oedd Bodgadfan 1802. Mae'r tir yn weddol wastad a sych, ac felly'r rhan yma o'r comin gaewyd gyntaf pan symudodd pobl yma i weithio i'r chwareli. Sylwch sawl tro mae 'cadfan' yn rhan o enw tŷ.

Down at fynedfa **Mynwent Rhosgadfan** wedi troi i fyny. Gwnaed y giat addurniedig gan Arthur Jones o'r Efail Uchaf Penygroes a'i frawd Thomas W Jones, Bodgadfan.

Mae beddau rhai o deulu Kate Roberts yma; ei rhieni, Owen 1931 yn 80 oed, a Catherine 1944 yn 89 oed, ac ar yr un garreg cofnod am eu mab David a gladdwyd ym Malta yn 1917; ar garreg arall ei thaid Owen Roberts, Brynffynnon fu farw yn 1904 yn 78 oed, a'i nain Catherine 1917 yn 68 oed, a'u mab Hugh Owen 1912 yn 26 oed.

Bodgadfan oedd cartref John Griffith fu'n oruchwyliwr yn chwarel Moeltryfan, awdur *Chwareli Dyffryn Nantlle a Chymdogaeth Moeltryfan*, a wobrwywyd yng Nghylchwyl Lenyddol Rhostryfan yn 1889. Fe'i cyhoeddwyd yn ddiwedarach gan John Thomas, Kendal, genedigol o Rostryfan. **Tŷ'n Llwyn** yw'r tyddyn sy'n llechu yng nghysgod y coed ar y dde, mae amser fel petai wedi oedi yma.

Elizabeth Griffith, Tŷ'n Llwyn, oedd yr un a gofiaf fi gyntaf yn y sêt fawr, a dysgodd yr ABC i ugeiniau lawer o blant, y naill flwyddyn ar ôl y llall, a hynny gydag amynedd di-ben-draw, oblegid gallaf ddychmygu mai dysgu'r ABC i blant a'u dysgu i ddechrau cysylltu llythrennau i wneud geiriau yw un o'r pethau anhawsaf.

Rhaid mai dynes ifanc ydoedd, er yr ymddangosai i ni yn hen, yn gwisgo bonet a chêp at ei hanner, yn ôl ffasiwn y dyddiau hynny. Yr oedd yn llwyddiannus iawn yn ei gwaith, a hynny dan anfanteision, oblegid yr oedd yr holl ysgol yn y capel, o'r dosbarth ieuengaf hyd yr hynaf

Atgofion

Yn ddiau byddai wedi gwneud athrawes babanod dda, petai'r teulu wedi gallu fforddio ei hanfon i goleg, ond peth prin ar y naw oedd hynny. Mae'n debyg mai Kate Roberts oedd y ferch gyntaf i fynd i'r Brifysgol o'r tyddynnod yma. Croeso gwyngalchog sydd i'w gael yng Nglangors hefyd, mewn safle cysgodol. Awn i fyny'r llwybr heibio Bryn Crin a Bryn-gro nes dod at giat ac awn drwyddi i'r tir agored, tir corsiog iawn unwaith eto. Ymlaen ar y llwybr yn gyfochrog â'r wal, gan ofalu peidio troedi'n ddiofal a chael socsan. Tu draw i'r gors gwelwn Parc-Newydd, Maenllwyd a Hafod Ruffydd. Roedd tir na fentrodd y tyddynwyr geisio ei amgau a'i ddraenio.

Galwai KR yn rheolaidd yn nhŷ ei thaid a nain ym **Mrynffynnon**.

Bob tro y bum ym Mrynffynnon gyda'r nos, ni welais fy nhaid yn gwneud dim ond darllen yn ei gadair freichiau wrth y tân, ac âi ymlaen i ddarllen fel pe na bai neb yno. Gallaf ei weld yrwan efo'i farf wen, ei wefus uchaf lân, a'i lygaid tywyll, pell oddi wrth ei gilydd, ei lyfr ar fraich y gadair, ac yntau yn ei fwynhau gymaint nes gwenu wrtho'i hun . . .

Hen wraig dal yn tueddu i gwmanu oedd hi, yn lân ofnadwy yn ei thŷ, ac yn hoffi gwneud bwyd . . . Priododd yn ugain oed, ac ni chafodd lawer o bethau'r byd hwn wedyn, wrth fagu tyaid o blant, colli llawer ohonynt, a hynny yn nhrai a llanw cyflog y chwareli. Mae'n debyg nad oedd ei bywyd ddim gwahanol i fywyd gwragedd eraill yr oes honno, ond o hynny a welais o fy nain yn ei hen ddyddiau tybiaf y buasai ganddi'r gynneddf i allu mwynhau pethau da bywyd, dillad da, hardd a bywyd moethus. Tybio hynny yr wyf, efallai mai fel yna yr oedd hi hapusaf. Collodd rai o'r plant yn fabanod, collodd un mab yn un-ar-hugain oed, un arall yn chwech-ar-hugain, a'r bachgen hynaf yn ddeuddeg oed mewn damwain erchyll yn y chwarel.

Y Lôn Wen

I lawr y ffordd at Benrallt, yna i'r chwith heibio Gors Goch Uchaf, godwyd wedi 1849, ac a adnewyddwyd yn ddiweddar. Wedi cerdded i lawr y llwybr cyhoeddus down i olwg murddun Gors Goch Isaf, 1831, mewn safle braf. Cymharol fyr fu oes llawer i dyddyn, yn enwedig wedi'r trai yn y diwydiant llechi.

Dau amrywiaeth i gwtogi neu ymestyn rhywfaint ar y daith os dymunwch.

b) Hyd – 1.6 m Amser – 50 munud

Troi wrth yr arwydd Llwybrau Llechi o dan Bryn-gro a thrwy'r caeau nes dod allan ger Penrallt.

Mae tyddynnod Bryn Crin, Bryn Bach, Brithdir, Cerrig-sais, Gors a Hafod Owen oll o fewn y darn tir yma.

c) Hyd – 2.2 m Amser – 1¼ awr

Fel a) at Ty'n Rhosydd, i'r dde, rhwng y ddwy wal cyn cyrraedd Brynffynnon ac ar draws y mynydd o dan gaeau Tyddyn Difyr ac ymlaen at gapel Hermon. Croesi'r ffordd ac ar lwybr ar draws y gors, Cors Tan-foel, nes dod at gongl y wal ger mynedfa Pen-y-bwlch, rhwng dwy wal ac i lawr i'r ffordd wrth ochr Muriau ac yn ôl am Gae'r Gors

Mae yna glwstwr gweddol fawr o blu'r gweunydd wastad yn y pwll yng nghanol y gors, yn eitha agos i'r llwybr.

TAITH 4 O Gors y Bryniau

a) Hyd - 3m Amser - 1¹/₂ awr

Syth ymlaen yn y groesffordd, i fyny'r allt at Penrallt, syth i fyny ar y mynydd, i'r chwith ar lwybr y ffordd haearn nes dod at safle siediau Cors y Bryniau, dilyn y llwybr i fyny'r mynydd yr ochr arall i'r tyllau, troi i fyny heibio'r adfail ola ar y dde, dilyn y llwybr wrth ymyl y twll, GOFAL, ac i lawr at safle siediau Moeltryfan, ar draws i'r dde at y llwybr aneglur i fyny'r domen, i lawr at y mynydd, at ben ucha'r ffordd, syth i lawr y ffordd yn ôl i Gae'r Gors.

Rhown y sylw penna i'r chwareli ar y teithiau nesaf gan gerdded yn ôl troed yr hen chwarelwyr. Dwy chwarel a thyllau ar wahân oedd yma gynt, ond ymhen amser unwyd y ddwy. Ar y tir gwastad roedd siediau chwarel Cors y Bryniau. Hen dwll Cors y Bryniau yw'r agosaf. Ar y gwastad yng nghysgod y piler ithfaen roedd sied fechan ble bum yn gweithio ddechrau'r 1960au dros wyliau haf y coleg. Gwelir gwahanol rywogaethau o gen ar y cerrig. Yn y gwaelod ble rhed y llwybr rhwng dau dwll mae gweddillion y caban dan y dŵr.

Chwarel Cors y Bryniau/Alexandra – dechreuwyd cloddio ar raddfa fechan yn gynnar yn y 19 ganrif gan ŵyr lleol. Cyflogid tua 140 yn 1862, 256 yn 1896. Pan ffurfiwyd y *Caernarvonshire Crown Slate Quarries Co* yn 1932 daeth JJ Reilly yn rheolwr ac fe'i dilynwyd gan ei feibion, Walter a Renee.

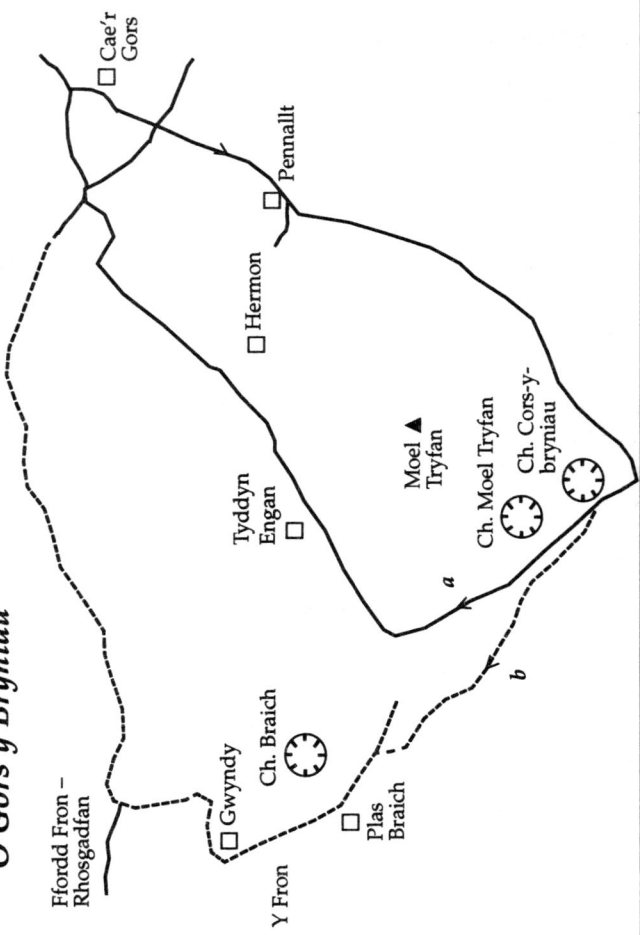

O Gors y Bryniau

Ffordd Fron – Rhosgadfan

Cae'r Gors

Pennallt

Hermon

Tyddyn Engan

Moel ▲ Tryfan

Ch. Moel Tryfan

Ch. Cors-y-bryniau

Gwyndy

Ch. Braich

Y Fron

Plas Braich

a

b

Chwarel Moeltryfan – Fe'i hagorwyd yn 1809 gan Mesach Roberts o Rostryfan, gweithio ar raddfa fechan fu tan chwarter ola'r ganrif, newidiodd ddwylo sawl gwaith, cyflogid 258 yn 1899. Daeth yn rhan o'r *C.C.S.Q. Co.* yn 1932, sy'n parhau mewn perchnogaeth o'r chwarel. Caewyd yn 1972.

Datblygiad diweddar yn y 1960au oedd y ffordd trwy'r twll, ac fe gludid y llechi oddi yma ar lorïau erbyn hynny. Codi'r cerrig o'r twll gyda'r blondins wneid cyn hynny, ac anfon y llechi ar y ffordd haearn i Gaernarfon. Mae bwriad i ail agor y chwarel.

Wedi croesi'r lle gwastad heibio olion siediau Cors y Bryniau a dringo'r llwybr, troi i'r dde oddi ar y llwybr llydan i lwybr dros ochr y mynydd yn gyfochrog â'r twll.
   Cadwch ar y llwybr, yn glir o'r dibyn.
   Wrth edrych i lawr i fudandod llonydd crombil y mynydd mae'n anodd dychmygu'r prysurdeb a fu ac amgyffred y llafurio fu i greu'r fath dwll anferthol, heb rym peiriannau heddiw. Gwelwn greigiau copa Moeltryfan, ac yna'r graith ddofn i lawr ac i lawr. Wedi glaw yw'r adeg orau i werthfawrogi gwahanol liwiau'r creigiau. Mae'n anodd hefyd i ni sy'n gallu teithio'r byd crwn ddychmygu pa mor gyfyng oedd byd y chwarelwyr a'u teuluoedd, yn gaeth i rigolau bywyd.

   'Hylo i', dros y tŷ. Dafydd Gruffydd oedd yn deffro i fynd at ei waith i'r chwarel am chwech o'r gloch fore dydd ei ben blwydd yn ddeg a thrigain oed . . .
   Clywodd Beti ef yn cau'r llidiart a llais ei bartner

Twm Min y Ffordd,

'Sut ma'r iechyd heiddiw, Dafydd?'

Yna clywai'r ddau yn mynd heibio talcen y tŷ ac eraill yn eu dilyn gan siarad mewn tôn isel fel y gwna chwarelwyr yn y bore – tôn is na'r un y siaradent ynddi yn y nos.

Fel yna yn union yr âi Dafydd Gruffydd at ei waith bob dydd. Bu'n cyfarfod â'i bartner wrth y llidiart am y deuddeng mlynedd ar hugain diwethaf, ac ni fethodd yr un o'r ddau erioed gychwyn oddiwrth dŷ Dafydd Gruffydd am hanner awr wedi chwech . . .

Ni bu erioed yn y chwarel. Nid oedd ganddi'r syniad lleiaf mewn pa fath le y gweithiai ei gŵr. Y cysylltiadau nesaf rhyngddi â'r chwarel oedd tun bwyd ei phriod, ei ddillad ffustion a'i gyflog yn llwch chwarel i gyd.

Rhigolau Bywyd

Byddid yn gweithio ar wahanol lefelau, y ponciau, gan godi'r cerrig defnyddiol a'r rwbel i'r brig mewn wagenni gyda cymorth y system o olwynion pwli a redai ar wifren rhwng tyrrau'r blondins, ac a reolid o'r cwt injian. Ble bu sŵn saethu'r graig o'r twll a sŵn prysurdeb siediau Moeltryfan bydd sŵn gwahanol yma ar benwythnosau, pan gyferfydd y *North Wales Muzzle Loaders Association*.

Pan ar y llwybr ar ben y domen oedwch i weld yr olygfa. Mae'r tyddynnod yn frith o danoch, pentref Carmel tu draw iddynt, Castell Caernarfon a'r dref tu cefn iddo, Dinas Dinlle a Llanddwyn, ac os ydych yn lwcus, fynyddoedd Wicklow draw dros y don.

Gorweddai'r pentref odano fel gwlad y Tylwyth Teg dan hud y lleuad. Yma ac acw fel smotiau duon yr oedd tai'r ffermydd bychain, a chlwstwr o goed o'u cwmpas yn cysgodi'r gadlesi a'r tai. Ar y tai eraill disgleiriai'r lleuad, a rhedai ei goleuni'n rhimyn ar hyd llechi'r to . . . Gallai ddychmygu am wledydd lawer ar hyd y byd, trefi mawrion a rhesi dirifedi o dai â llechi Moel Arian ar eu to, a'r un lleuad ag a ddisgleiriai ar dai Moel Arian heno yn taflu ei phelydrau i lithro hyd do'r tai hynny, yng ngwledydd byd.

Traed Mewn Cyffion

Wedi cerdded hen lwybr y chwarelwyr dros y domen ac i lawr y grisiau down allan ar lethr Moeltryfan. **Tyddyn Engan** yw'r adfail o'n blaenau, bu teulu'n llafurio, magwyd plant yma, a sŵn afieithus eu chwara'n cario dros y mynydd.

Gwaith caled yw gwaith tyddynnwr a'i wraig, yn enwedig yn y gaeaf. Y tymor hwnnw rhaid i'r wraig wneud llawer o'r gwaith allan gan y bydd wedi tywyllu cyn i'r gŵr ddyfod adref o'r chwarel.

Yn golchi dillad ffustion . . . Yr oedd yn rhaid cario dŵr i'r tŷ . . . Pobid y cyfan gartref, mewn popty dwfn a oedd wrth ochr y tân . . . Byddai fy mam yn corddi ddwywaith o leiaf bob wythnos . . . Byddai gwaith gwnïo mawr a thrwsio . . .

Y Lôn Wen

Awn i lawr y ffordd ac yn ôl i'r pentra, ac i'n heddiw cysurus.

b) Hyd – 4 m Amser – 2 i 2¹/4 awr

Fel a) at Gors y Bryniau, cadw ar y llwybr llydan i fyny'r ochr arall ac i ben ucha'r llwybr ar y mynydd, fforch i'r chwith, ymlaen at y giat, fforch i'r dde heibio Plas Braich, ar y llwybr wrth ochr Chwarel Braich, i lawr am bentra'r Fron, troi i'r dde o dan ardd Gwyndy, dilyn y llwybr dan y domen, i fyny ar y chwith ac i lawr drwy gae Tŷ Cerrig at y ffordd, i'r dde ar y ffordd yn ôl am Rosgadfan.

Wedi mynd heibio adfeilion y chwarel ac i'r mynydd agored gwelir olion angori'r blondins ar y chwith. Daw golygfa eang i'r golwg, hanner cylch o **fynyddoedd**, gan gychwyn o'r môr - tri copa'r Eifl, Gyrn Goch, Gyrn Ddu a Bwlch Mawr yn un clwstwr, bwlch rhyngddynt â Chrib Nantlle, Graig Goch, Garnedd Goch, Mynydd Talymignedd, Mynydd Drws-y-coed a'r Garn, y nesaf atom Mynydd Mawr, Yr Wyddfa, Moel Cynghorion, Foel Goch, Foel Gron, Moel Eilio, ac yn y pellter Elidir. Ar y chwith mae chwarel Blaen Feram.

Plas Braich oedd cartref rheolwr y chwarel. Agorwyd **Chwarel Braich** yn y 18 ganrif, ehangwyd yn y 1870au gan gyflogi tua 140. Bu'r penllanw yn 1882 pan gynhyrchwyd 2600 tunnell gan 124 o chwarelwyr. Caewyd yn 1914. Bydd rhai'n dod yma i ddeifio i fagddu'r dyfnder ar benwythnosau, tydi pawb ddim yn gwirioni run fath. Canmil gwell gennyf edrych ar yr wyneb na mynd dan y dŵr. Mae lliw gwahanol i ddyfroedd pyllau chwarel, yn dibynnu ar liw'r graig.

> Fel y gwyddys, mewn partneriaeth y bydd chwarelwyr yn gweithio, tri efallai, yn gweithio yn y graig yn y twll, yn tyllu, a thri yn y sied yn llifio, hollti a naddu. Rhennid y cyflog ar ddiwedd y mis y pryd hwnnw. Gosodid pris ar lechen i'r chwarelwyr ar ddechrau'r mis . . .
>
> *Y Lôn Wen*

Gwyndy yw'r tyddyn ar y dde tu isa i'r twll, dwi'n cofio stiward Penyrorsedd, John Gwyndy, yn byw yma. Trown i'r dde o dan yr ardd, dan y bwa llechi ac i fyny ar y domen, un o hen lwybrau'r chwarelwyr i'w gwaith oedd hwn. Byddai rhai'n cerdded o Garmel i fyny Lôn Pen-bwlch. Sylwch ar y siap pen neidr ar y giat wrth ddod i'r ffordd, gwaith R J Roberts, fu â gofaint yn y Dolydd ar gyrion y Groeslon.

Rydym ar gyrion pentra'r Fron, ac ar ben yr allt i'r chwith mae Bryn Awel, cartref Nedw, Edward Thomas, a redai gwmni bysus Silver Star, Y Seren Arian, sy'n gwmni llewyrchus iawn dan ofal y genhedlaeth nesaf o'r teulu. Mae'r ffens grawia yn dynodi llwybr y ffordd haearn ers talwm.

Moel Tryfan a Moel Smytho

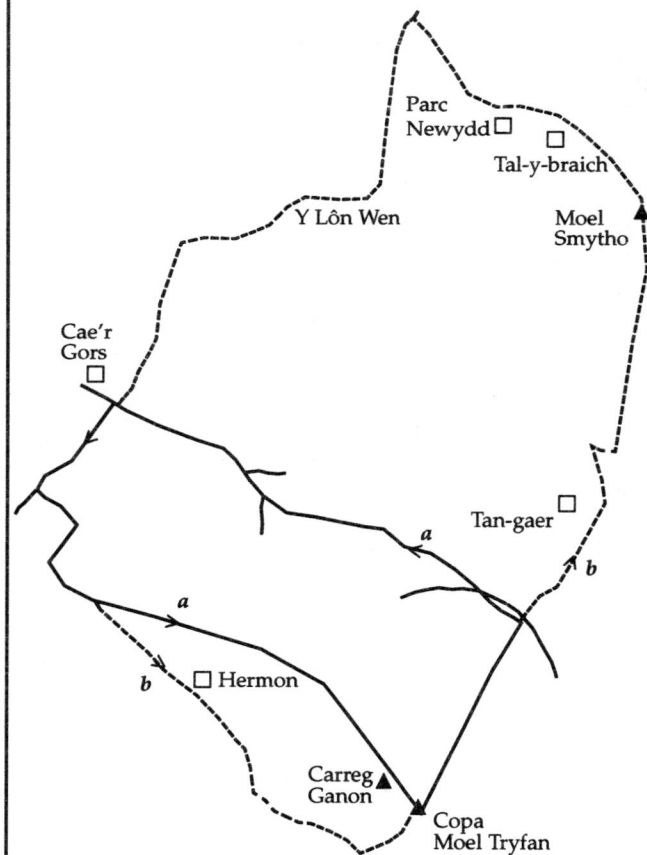

Parc
Newydd □   □
                Tal-y-braich

                        Moel
Y Lôn Wen   Smytho

Cae'r
Gors
□

                    Tan-gaer □
                        a   *b*

        a

    b □ Hermon

            Carreg ▲
            Ganon
                ▲ Copa
                Moel Tryfan

Taith 5 **Moeltryfan a Moel Smytho**

a) **Moeltryfan Hyd – 2³/₄ m Amser – 1¹/₂ i 2 awr**

I'r dde yn y groesfordd, heibio'r ysgol, syth ymlaen yn y groesffordd nesaf ac yna'r fforch i'r chwith, wedyn i'r chwith i fyny am y mynydd.

a) i'r chwith o gapel Hermon, i fyny'r llwybr wrth ochr y domen at y gwaith dŵr ac ar y llwybr clir i'r copa

b) at ben ucha'r fforrd, i fyny wrth ochr y domen at y copa Cychwyn i lawr heibio'r creigiau, cymryd y fforch dde o'r ddau lwybr ac i lawr y mynydd gyda Moel Smytho o'ch blaen. Wedi cyrraedd llwybr y ffordd haearn troi i'r chwith ac i lawr heibio Tyddyn Difyr ar y chwith a Brynffynnon ar y dde nes dod at Penrallt, i lawr y ffordd yn ôl at Gae'r Gors.

'Ym mh'le yn y byd y cawsoch chi'ch magu?'
'Ar fynyddoedd Sir Gaernarfon yn y lle mwyaf bendigedig sy'n bod.'

Tegwch y Bore

Daw **Crib Nantlle** i'r golwg yn y pellter wrth i ni gyrraedd at Gors tan-foel, y daith gerdded mynyddoedd ora' yng Nghymru. Ni ellid codi tyddyn ddim mymryn uwch na **Meini Gwynion**, y sgwaryn o gaeau wrth ben ucha'r ffordd. Dywedodd KR mai pobl yn ymladd yn erbyn tlodi oedd pobl ei chyfnod hi, ond roedd pawb bron yn yr un cwch . . .

Mae hi'n fore poeth ym mis Gorffennaf, diwrnod cario gwair. Bydd nhad a ffrindia o'r chwarel yn dyfod adre' tua hanner dydd, ac mae tipyn o gymdogion wedi dwad yn barod ac wedi dechrau troi'r gwair. Yr wyf yn clywed sŵn y cribiniau yn mynd yr un amser â'i gilydd i gyd a'r gwair yn gwneud sŵn fel papur sidan.

Y Lôn Wen

Wrth ddringo, tua tri chwarter ffordd i fyny ar y dde, fe ddowch ar draws **carreg ganon**, a nifer o dyllau ynddi ble rhoddid powdr a'i danio adeg dathliadau arbennig, penblwydd byddigions neu Jiwbili Victoria. Ar y llwybr arall wrth ochr y domen ewch heibio lefel ble treialwyd i weld oedd yna lechfaen gwerth chweil. Yn amlwg doedd 'na ddim.

O gopa **Moeltryfan** gwelir yr arfordir o drwyn Porthdinllaen at Fôn hyd at Benmaenmawr; bro hudolus Lleu a Gwydion yn y gwaelodion, llyfnder Moel Eilio a'r Mynydd Grug, dirgelwch tywyll Cwm Du, eglwys hynafol Betws Garmon ac afon Gwyrfai'n ymddolennu.

Yn ardal Moel y Fantro deuai'r gwanwyn yn ddiweddar a'r gaeaf yn gynnar . . . Pan chwythai'r gwynt o'r môr yr oedd Moel y Fantro yn nannedd y ddrycin . . . Ac eto i gyd, yr oedd yno ryw harddwch na welid mohono'n gyffredin. Bob nos o'u bywyd gwelodd chwarelwyr yr ardal hon yr haul yn machlud dros Fôr Iwerydd neu dros Sir Fôn . . . Gwelodd y bobl hyn leuad llawn Medi yn codi dros ben yr Wyddfa, ac yn taflu ei golau ar weithwyr y cynhaeaf. Eto y mae'n gwestiwn a gymerasant amser i edmygu'r golygfeydd erioed. Nid oedd lleuad Medi'n ddim i bobl a driniai dir mor llwm. Heddiw fodd bynnag, trawodd harddwch yr olygfa Ifan â syndod. Yr oedd rhyw fawredd yn perthyn iddi. Bu fyw yn yr ardal hon am hanner can mlynedd heb erioed weld dim ond moddion llwgu pobl.

O Gors y Bryniau

Mynydd digon llyfn ydi o heblaw am y creigiau ar y copa, sy'n amlwg o bell. Creigiau cruglwythog yw'r pentyrrau welwch yma, darganfyddwyd ffosiliau cregin ynddynt fu'n gyfrwng i esgor ar ddadlau rhwng daearegwyr amlycaf y cyfnod, pa un ai y Dilyw Beiblaidd fu'n gyfrifol am dirffurfiau yntau'r ddamcaniaeth newydd mai effeithiau'r rhewlifoedd welir o gwmpas. Bu neb llai na Charles Darwin yma! Cewch fwy o fanylion ar y Bwrdd Dehongli.

Mae olion amlwg erydu a lledu ar y llwybrau, mae'n mynd yn broblem fwy difrifol o flwyddyn i flwyddyn a'r awdurdodau'n malio'r un botwm corn. Caiff perchnogion beiciau modur, beics pedair olwyn a cherbydau 4WD wneud fel a fynnont.

b) Moel Smytho Hyd – 4.2 m Amser – 2 i 2¼ awr

Fel a) i gopa Moeltryfan, i lawr at lwybr y ffordd haearn, yna croesi'r ffordd ac i lawr y mynydd at Tan-gaer. Troi i'r dde cyn cyrraedd y ffordd darmac, yna i'r chwith wrth bostyn coch a dilyn y llwybr i gopa Moel Smytho. I lawr yr ochr arall at gornel wal Tal-y-braich.

Dilyn y llwybr at ffordd Parc Newydd ac at ben ucha'r Lôn Wen. I'r chwith yn ôl am y pentra.

Mae'r llwybr i fyny **Moel Smytho** ar dir mawn, bregus i erydiad. Sylwch bod grug yn dew dros y mynydd. Rhed y goedwig binwydd ar y dde i lawr am Betws Garmon, mae ambell goeden fythwyrdd yn tyfu ymysg y grug, a rhai collddail, criafol a chelyn, wedi cael cyfle i dyfu am na all y defaid eu cyrraedd yng nghanol y grug a'r eithin.

Roedd y tir rhwng Moeltryfan a Moel Smytho yn gynefin cyfoethog o adar pan sgrifennais *Yn Llwybrau Lleu* yn 1980. 'O aros yng nghysgod y cloddiau'n amyneddgar dawel, gallwch weld nifer o wahanol adar. Mae'r tir gwlyb islaw yn addas i'r gornchwiglen swnllyd, y gylfinir a'i phig grymanog, y gïach swil, a thinwen y garreg sbonciog.' Daeth tro ar fyd, prin y gwelir y gornchwiglen a'r gylfinir yma bellach.

Sylwch ar y graig â hollt ynddi ar y copa, fel petai cawr wedi rhoi bwyell drwyddi. Ceir golygfa dda o ddyffryn Gwyrfai a'r Waunfawr o'ch blaen ac o Foeltryfan a Chors y Bryniau o'r tu ôl.

Troes y ddwy i'r mynydd a cherdded tu ôl i'w gilydd

fel dwy ddafad, a thu ôl ffrog gwmpasog Winni yn fflantio fel cynffon y creadur hwnnw. Yr oedd tawch y bore wedi cilio, ond arhosai peth edafedd y gwawn o hyd ar y brwyn yn y corneli. Yr oedd yr haul yn gynnes ar eu gwariau a thaflai ei oleuni i'r mân byllau yn y gors. Nid oedd digon o awel i ysgwyd plu'r gweunydd, ac yr oedd pob man yn ddistaw heb gymaint â sŵn llechen yn disgyn ar hyd tomen y chwarel. Prynhawn Sadwrn ydoedd.

Te yn y Grug

Lle arall yr aem iddo fyddai'r Mynydd Grug neu Foel Smythaw i roi ei enw iawn. Byddem yn mynd i dynnu grug yno i'w roi'n sylfaen i'r das cyn y cynhaeaf gwair . . . ac erbyn y gaeaf, pan fyddid yn torri'r das i gael gwair i'r gwartheg, byddai wedi gwywo. Gwaith un ohonom ni'r plant cyn mynd i'r ysgol fyddai cario ychydig o'r grug i'r tŷ mewn bocs i'w gael i ddechrau tân drannoeth. Aem i'r mynydd am bicnic hefyd ac i hel gruglus.

Atgofion

Fandaliaeth fyddai tynnu grug heddiw, rhaid at eu byw oedd gwneud. Awn heibio dwy ffynnon o boptu'r llwybr cyn cyrraedd congl wal Tal-braich.

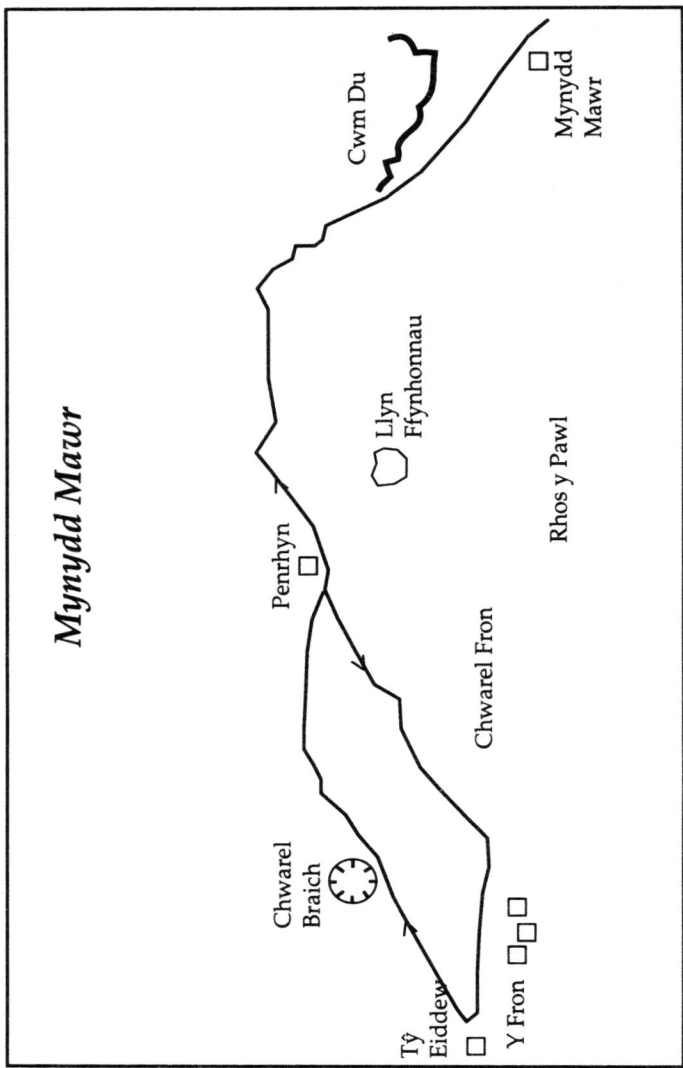

Mynydd Mawr

Cwm Du

Mynydd
Mawr

Llyn
Ffynhonnau

Rhos y Pawl

Penrhyn

Chwarel Fron

Chwarel
Braich

Tŷ
Eiddew

Y Fron

TAITH 6 **Mynydd Mawr**

a) Hyd – 5m Amser – 2½ i 3 awr

Cychwyn yng nghanol pentra'r Fron, i fyny'r llwybr heibio Tŷ Eiddew at Chwarel Braich, heibio Plas Braich, drwy'r giat yn y wal gerrig, i'r dde gan gadw yn weddol wastad, llwybr cliriach at furddun Penrhyn, i'r chwith, cadw ar y llwybr cul i'r dde o'r un llydan, i'r dde am y pant, dilyn y llwybr clir i fyny, pan wyra i'r chwith ei adael ac anelu'n syth am y copa.

I lawr yr un ffordd at y bwrdd dehongli, i'r chwith a thrwy'r giat ac ar lwybr rhwng dwy wal, i fyny at y ffordd, heibio'r siediau, i'r dde a thrwy'r Fron.

Mynydd Mawr neu Mynyddfawr yw'r enw swyddogol, ac yn wir i drigolion yr ardal dyma'r mynydd mwyaf o ddigon. Gwell gen i'r enw lleol arno, Mynydd Grug, ac os dowch yma at ddiwedd haf pan fydd y grug yn llawn blodau cewch wledd i'r llygaid. Byd cyfyng oedd eiddo'r tyddynwyr gynt, doedd gan y rhan fwyaf ddim syniad beth oedd yr ochr arall i'r mynyddoedd a welent o'u cartrefi.

Weithiau edrychai fel hen ŵr mawr, ei wyneb yn lân ar ôl cawod o law, cap nos gwyn am ei ben ar ôl cawod o eira, a barf lwyd ganddo pan basiai niwl ar ei draws. Rhyw hen greadur mawr oedd y mynydd yma, a safai fel plisman rhyngddynt a lleoedd eraill. Ac yn wir ni wyddai Elin Jôs yn iawn pa le oedd tu hwnt i'r mynydd hwnnw.

Deian a Loli

Mae tir gweddol wastad wrth droed y mynydd ble codwyd tyddynnod Caeronwy, Caeronwy Isaf ac Uchaf, Castell Caeronwy a Bryn Hafod. Ac ar ben ei hun bach yn uwch codwyd Bryn Castell, oedd yn adfail ganrif yn ôl. Murddun yw Bryn Hafod ers oesoedd hefyd, bu Lisi Jones yn byw yma am gyfnod ddechrau'r 20fed ganrif. Tu draw iddynt ac i gyfeiriad Nantlle mae ffridd eang Rhos y Pawl (gw. **Taith Straeon Gwerin**) a nifer o olion cytiau a chaeau hynafol.

Y tŷ yr aethom ni i fyw ynddo oedd Bryn Hafod, yn glos wrth droed y Mynyddfawr. Fuom ni ddim yn hir ym Mryn Hafod ond gadawodd y profiad o fyw yn yr awyrgylch argraff annileadwy arnaf yn blentyn chwilfrydig.

Dwy Aelwyd, Lisi Jones

Byddai nhad yn arfer dwad i sgota yn Llyn Ffynhonnau, lle tawel braf. Cysylltir y tylwyth teg â sawl llyn mynyddig fel hwn. Unwaith aeth gwas y Gelli i fugeilio'r ffordd yma a gwelodd dwr o'r tylwyth teg yn dawnsio ger y llyn. Gwahoddwyd ef i ymuno â hwy a derbyniodd y cynnig yn llawen. Aeth yr amser heibio fel y gwynt, wir i chi, buont yn dawnsio am dridiau heb ball. Yn ffodus gwelwyd ef gan hen ŵr, estynnodd hwnnw ei ffon griafol i'r cylch a llwyddodd i dynnu'r llanc yn rhydd o afael y tylwyth teg.

Mae nifer o byllau a mân fawnogydd rhwng Moeltryfan a Mynydd Grug, effaith y rhewlifoedd. Tyf plu'r gweunydd, ffa'r corsydd, chwys yr haul a digon fwsog ynddynt.

Cwm Cerwyn yw'r hafn welir y tu ucha i gaeau Caeronwy, yr ochr dde i'r mynydd o ble sefwch. Yn ôl yr hen chwedlau arferid cario drwg-weithredwyr o'r llys ym Mhenyrorsedd mewn cewyll pren ar draws y mynydd ac yna'u taflu'n bendramwnwgl dros y dibyn gannoedd o droedfeddi ar y creigiau ysgithrog yn y dyfnder. Cerwyn oedd enw'r math o gawell gwiail a ddefnyddid, a Craig y Bera yw'r ochr serth yma uwchben Drws-y-coed.

Down at olion cloddio am fwynau, pentyrrau o gerrig a lliw copr arnynt, a'r lefal ble tyllwyd mewn gobaith, ond heb fawr o lwc. Cawsom well lwc yma yn hel llus eleni, 2006, yn wir yr helfa orau ers blynyddoedd, heb orfod crwydro fawr ddim i lenwi potiau. Fel roeddwn yn canolbwyntio synhwyrais bod rhai'n cerdded i fyny, rhai o gyffiniau Birmingham yn ôl eu hacen, *'O! I dont fancy eating those!'* Eu colled nhw ydi o.

Gellir gweld i lawr am ddyffryn Gwyrfai erbyn hyn, pentra'r Waunfawr, Betws Garmon a'r eglwys, a thu draw i ysgwydd Craig Cwmbychan gorwedd Llyn Cwellyn. Efallai y clywch hwtian y trên bach ar ei ffordd am Ryd-ddu.

Efo chil ei llygaid gallai weled cornel o Lyn Llyncwel fel darn o fap Iwerddon, a theimlai'n ddig wrth drwyn y mynydd a'i rhwystrai rhag gweld rhagor. Daeth rhyw deimlad braf drosti, mor braf oedd bod ar wahân, yn lle bod ymysg pobl . . . Yr oedd y distawrwydd yma'n braf. Pob sŵn, sŵn o bell oedd o, sŵn cerrig yn mynd i lawr dros domen y chwarel, sŵn saethu Llanberis, bref dafad unig ymhell yn rhywle.

Te yn y Grug

Mae'r llethrau'n gyfoethog o wahanol blanhigion. Yn gymysg â'r glaswelltir gwelir clytiau o wahanol rywogaethau o rug, grug *(Calluna vulgaris)*, grug y mêl *(Erica cinerea)*, grug croesddail *(Erica tetralix)*, llus *(Vaccinium myrtillus)*, creiglus *(Empetrum nigrum)*, brwyn a rhedyn yn ffurfio clytwaith amryliw. Ceir arwynebedd sylweddol o laswellt y rhos *(Danthonia decumbens)* a pheisgwellt y defaid *(Festuca ovinia)* yn gymysg â chen yn agos i'r copa.

O droi yn ein hunfan ar y copa gwelwn banorama godigog o fynydd Penmaenmawr draw i'r Carneddau a'r Glyderau yn y pellter ac o'u blaen crib Moel Eilio, Yr Wyddfa, yr Aran, crib Nantlle – y Garn, Mynydd Drws-y-coed, Mynydd Talymignedd, Craig Cwm Silyn, Garnedd Goch, Graig Goch; a thu draw i grib Nantlle Moel Hebog; Bwlch Mawr, Gyrn Goch, Gyrn Ddu a'r Eifl a thrwyn Porthdinllaen a'r arfordir heibio Dinas Dinlle, Llanddwyn, Môn ac yn ôl at Benmaenmawr.

Gallech fynd yn eich blaen dros y grib i Ryd-ddu, dal y trên bach i'r Waunfawr a cherdded i fyny Allt-Coed-mawr yn ôl.

Taith 7 **Hafotai a hen olion**

a) Hyd – 2.7m Amser – 1½ awr

*I fyny at y groesffordd, i'r chwith, i'r chwith eto, heibio
Mynwent Rhosgadfan, drwy'r giat ar y gornel yn syth o'ch
blaen ac i lawr y llwybr, drwy fuarth Gaerwen, i lawr am
bentra Rhostryfan, heibio'r ysgol, i'r sgwâr, i'r chwith, cynta ar
y dde, i'r chwith ger Bryn Horeb, syth ar draws y ffordd ar
lwybr Cae'r Odyn, dros y gamfa ar y dde, ar letraws drwy'r
cae, i fyny'r grisiau yn y gongl wrth yr adeiladau, dde wedyn
chwith ac i fyny, drwy giat, chwith ar letraws, heibio 'Llaethdy
Brynmôr', drwy giat fler, dilyn y llwybr i fyny am Penffridd,
i'r chwith wedi dod allan i'r ffordd ar gyrion y pentra.*

Wedi gadael y ffordd yn y gongl a chychwyn ar y llwybr
down yn agos i hen olion, ar y bryncyn i'r dde i'r llwybr
mae olion clwstwr o gytiau o fewn amgaead sgwâr, fawr
i'w weld bellach, a wal ddiweddarach yn rhedeg ar eu
traws. Rhed yr hen lôn drol rhwng dwy wal isel at
ffermdy **Gaerwen**, un o'r hen hafotai welir yn rhes ar y
lefel yma. Mae coed drain duon a gwynion, afalau surion
a chriafol o boptu'r llwybr. Awn trwy'r buarth ac i lawr
eto at gyrion pentref Rhostryfan. Rhed llwybr draw at
Hafoty Wernlas ar y dde, ac ymlaen i Bodgarad (gw.
Taith 8) a mae olion grwp o gytiau amgaeedig, rhai crwn
a phedrochrog yr ochr ucha iddo.

Nid oes gennyf atgofion hapus am fy addysg gynnar,
ar wahân i'r chwarae efo'r plant a'r crwydro yn yr awr
ginio. I **Rostryfan yr awn i'r ysgol** ac yr oedd y ffordd

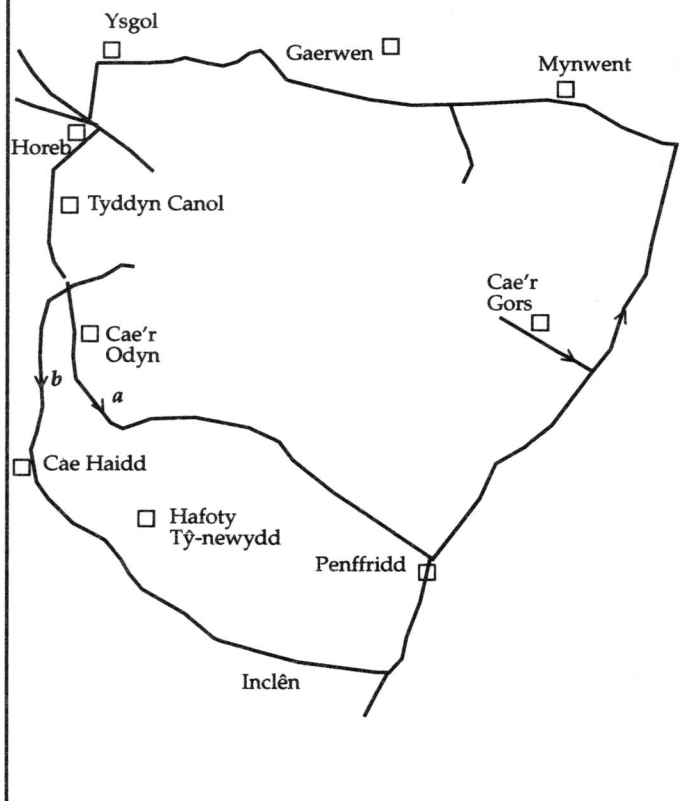

Hafotai a Hen Olion

Ysgol

Gaerwen

Mynwent

Horeb

Tyddyn Canol

Cae'r
Gors

Cae'r
Odyn

b

a

Cae Haidd

Hafoty
Tŷ-newydd

Penffridd

Inclên

yn rhy bell i fynd adref i ginio. Aem â'n brechdanau
gyda ni a'u bwyta ar frys; os byddai'r tywydd yn braf
aem allan i grwydro. Cofiaf o hyd am y ddaear yn
deffro yn y gwanwyn, y cynhesrwydd yn codi o'r
ddaear gyda sŵn pan aem i gasglu briallu hyd
ochrau'r nentydd yn ein bratiau ar ôl diosg cotiau'r
gaeaf.

Ni allaf gofio fawr am fy nyddiau cyntaf yn yr
ysgol, dim ond ein bod yn cyfrif mwclis ar wifren. Nid
adroddid storïau wrthym am Gymru nac unrhyw
wlad arall. Ar wahân i roi hapusrwydd inni ar y pryd,
fe fyddai'r chwedlau yn ein cof weddill ein dyddiau.

Y Lôn Wen

Yr wyf yn naw oed yn eistedd wrth y ddesg yn yr
ysgol yn gwneud syms. Mae'r athro wedi dangos inni
sut i wneud syms newydd, a chawsom lyfrau gydag
enghreifftiau, rhyw ddwsin i'r tudalen. Yn awr mae'n
rhaid inni weithio'r problemau hyn yn ein llyfrau
ysgrifennu. Mae'r hanner dwsin cyntaf yn hollol yr un
fath â'i gilydd ac yn ddigon rhwydd. Mae'r seithfed
yn ymddangos yn wahanol ac yr wyf yn methu
gwybod beth i'w wneud. Mae arnaf ofn troi oddi wrth
ffordd yr hanner dwsin cyntaf, rhag ofn imi wneud
camgymeriad. Yr wyf mewn penbleth mawr. Mae fy
rheswm yn dweud nad yw'r sym hon yr un fath â'r
lleill, ond methaf weld pam yr oedd rhaid rhoi sym
wahanol yng nghanol rhai yr un fath. Penderfynaf
ddilyn fy rheswm er bod arnaf ofn. Y fi oedd yr unig
un i gael y sym hon yn iawn. Yr wyf yn falch, nid
oherwydd hyn ond oherwydd imi benderfynu dilyn

fy rheswm am y tro cyntaf erioed a chael fy mod yn iawn.

Y Lôn Wen

Gan fod pentref Rhostryfan 'chydig hŷn na Rhosgadfan yma roedd yr ysgol a'r siopau cynharaf.

Am y tro cyntaf yn ei hoes briodasol fe gâi orffen talu ei bil siop . . . Pan briododd gyntaf, nid oedd ond siop Emwnt yn bod, ac yr oedd honno yn y Pentref Isaf – ddwy filltir o'i thŷ, a phob nos Wener troediai hithau i lawr gyda'i rhwyd a'i basged ac ar y bedwaredd wythnos, wedi nos Wener tâl, deuai car a cheffyl y siop â'r blawdiau i fyny.

Am yr hanner canrif o'r cerdded hwnnw y meddyliai Ffanni Rolant wrth daro ei throed ar y ffordd galed . . . Pe gallasai, nid i'r Pentref Isaf yr aethai heno oblegid erbyn hyn yr oedd digonedd o siopau yn y Pentref Uchaf, cystal â siop Emwnt bob tipyn ac yn rhatach, ond oherwydd na allai erioed dalu ei dyled yn llawn, bu'n rhaid iddi eu pasio bob nos Wener . . .

'Mae'n debyg na ddo'i ddim i lawr eto,' meddai hi.

Y Taliad Olaf, Ffair Gaeaf

Ar y sgwâr mae **capel Horeb MC 1866**, addaswyd y festri yn gapel pan ddymchwelwyd yr hen gapel yn 1986.

Rhan bwysig o ddiwylliant yr ardal oedd y Gylchwyl Lenyddol a gynhelid yn Horeb.

Eisteddfod y gelwir peth tebyg iddi heddiw, peth llawer llai. Uno y byddai Rhosgadfan a Rhostryfan yn y gylchwyl, a chynhelid hi brynhawn a nos Nadolig a'r noson gynt. Ei phwysigrwydd oedd y paratoi mawr ar ei chyfer, yr oedd y cystadlaethau mor niferus ac mor amrywiol. Byddai Rhostryfan fel cwch gwenyn am tua mis o flaen y cyfarfod, pan gynhelid yr arholiadau ysgrifenedig a'r arholiadau llafar i'r plant lleiaf. Heblaw yr arholiadu hyn mewn gwnïo, yn yr Ysgrythur, traethodau, cyfieithu, arholiadau ar lyfrau a llenyddiaeth Gymraeg; byddai cystadlaethau y gallem eu gwneud gartref hefyd. Hyn i gyd yn ychwanegol at yr adrodd, y canu, y ddadl rhwng dau.

Y Lôn Wen

Ym **Mynwent Horeb** mae bedd ewyrth Kate Roberts, a gladdwyd dan gwymp yn chwarel Y Cilgwyn a'r cofnod yma ar y garreg.

Robert Owen Roberts, Bryn Ffynnon, Rhos Cadfan, yr hwn a fu farw (trwy ddamwain) Rhagfyr 23ain 1861, oed 12 mlwydd.

Y tŷ hanner ffordd i fyny'r ffordd gefn yw **Tyddyn Canol**, yma'r oedd cartref Robin Huw, perchennog un o'r ddau gwmni bysus lleol, Express Motors. Wedi croesi'r ffordd awn i fyny'r ffordd am **Cae'r Odyn**, un arall o hen hafotai yr ardal. Mae 'na nifer o greigiau difyr i'w dringo yn **Pen Cae Clogwyn**, roedd gan bob pentra ei fannau chwara a'u mannau mynd am dro, ac yma y doi plant Rhostryfan i chwara a'r teuluoedd am bicnic, gresyn i'r arfer ddarfod. Croesa'n llwybr ffordd **Hafoty Tŷ Newydd**, sydd yn y

coed ar y dde. Byddai cryn gerdded ar y llwybr yma
trwy'r caeau gan y chwarelwyr ers talwm. Arferwn weld
cornchwiglod yn rheolaidd ar y rhostir. I fyny cae serth,
lle da i sledio ar eira. Down allan i'r ffordd ym
Mhenffridd, yr hen enw ar y rhan yma o'r pentra.

b) Hyd – 4.2m Amser – 2¹/₄ awr

*Fel a) i Rostryfan, a chyn cyrraedd yr ysgol i'r chwith heibio'r
garejis, allan i'r ffordd, i fyny am chydig a chroesi at y giat a'r
ffens grawia, rhan o'r hen ffordd haearn, ar draws dau gae,
croesi'r ffordd, a syth ymlaen ar y llwybr llechi, allan i'r ffordd
ger Cae Haidd, troi i'r chwith, dilyn y ffordd, dros y grid,
llwybr ar y chwith yn croesi pont fechan, i'r chwith yn y ffordd
at y bont, i'r dde i fyny'r inclên, ar draws i'r chwith hanner
ffordd i fyny, dilyn y ffordd yn ôl i'r pentra.*

Stesion Rhostryfan
Pan agorwyd y ffordd haearn dim ond cymuned o
fythynnod a thyddynnod ar wasgar oedd Rhostryfan,
heb ganol amlwg. O'r stesion âi'r trên trwy gwtin, dros yr
afon ac o dan y ffordd ger **Bron Meillion**. Pan ddoi trên i
lawr am Rostryfan byddai'n rhedeg yn ara deg gan y
byddai plant weithiau yn lluchio pethau ar yr injian fel y
pasiai o dan y ffordd neu'n neidio i'r cwtin a rhedeg yn
gyfochrog â'r trên. Does dim byd yn newydd! Mae Bron
Meillion yn amlwg yn fwy tŷ na'r tai teras eraill. Fe'i
codwyd yn 1880 gan Richard Williams, cigydd a chododd
ladd-dy tu cefn. Byddai'n mynd o gwmpas Rhosgadfan a
Bwlch-y-llyn ddiwedd yr wythnos i werthu cig ar gyfer y
Sul. Awn ar y llwybr heibio'r talcen, ar yr hen ffordd
haearn.

Wedi cyrraedd y ffordd gwell fyddai picio i gael golwg ar **Pantcelyn**, cartref taid a nain KR ar ochr ei mam, Richard a Catrin Cadwaladr. Ewch i lawr y ffordd droellog nes gwelwch y tŷ ar y chwith, un o hen ddyddynnod ardal Caeau Cochion.

Y peth a ddaw gyntaf i'm meddwl wrth gofio am fy nain Pantcelyn yw cadernid. Hen wraig ydoedd pan gofiaf hi gyntaf – bu farw yn niwedd 1912 yn 89 oed, a minnau ar ddechrau fy ail flwyddyn yn y coleg. Yr oedd yn gadarn iawn o gorff. Ni bu erioed yn sâl hyd o fewn deng niwrnod cyn ei marw.. Er ei bod mor hen yr oedd ganddi gorff siapus, heb fod yn rhy dew nac yn rhy denau . . .

Ni fedrai oddef ffolineb ac ni fedrai oddef rhai pethau eraill ychwaith megis os arhosech ar ei haelwyd yn rhy hir. Gwyddwn yn iawn pan fyddai wedi blino ar fy nghwmpeini, medrai ddangos hynny mewn rhyw ddull oer, a phan ddywedwn i , 'Rydw i am fynd rwan', byddai ei 'Dos ditha', yn dangos yn eglur iawn beth oedd ei dymuniad.Yr oedd ei Chymraeg yn gadarn a chyhyrog . . .

Y Lôn Wen

Darn o'r un brethyn oedd KR! Awn yn ôl at fan croesi **Llwybr y lein**. Agorwyd Cangen Bryngwyn o'r *North Wales Narrow Gauge Railway* yn 1877, datblygiad pwysig i ffyniant chwareli ardal Moeltryfan am gyfnod, cludid y llechi i Gaernarfon yn eitha cyflym a rhad. Bu'n cario teithwyr am gyfnod byr. Daeth yn rhan o'r *Welsh Highland Railway*, caewyd yn 1937, ac yn ddiweddar ail agorwyd y gangen arall o'r lein am Waunfawr a Rhyd-ddu. Mae'r llwybr draw at Gae Haidd ar dir agored gyda golygfeydd da, yn enwedig i lawr am y môr a draw tua'r Eifl. Codwyd waliau cerrig isel o boptu. Mae'n llwybr braf i'w gerdded, y coed drain yn fwa gwyn yn y gwanwyn, eirin tagu'n dew yn yr hydref. Croesa llwybr cyhoeddus, un o lwybrau'r chwarelwyr o Ros Isaf am y Foel a Chors y Bryniau.

Cyn cyrraedd y giat nesaf mae cae hir yr ochr isaf ble mae hen olion **Cytiau Coed y Brain**.

Ar y llethrau sy'n wynebu'r môr yng nghyffiniau Rhostryfan mae rhai o olion helaethaf y cyfnod cyn-hanesyddol diweddar sydd i'w gweld yng Nghymru, ychydig iawn o olion a oroesodd cystal â'r rhain. Yn ogystal ag aneddiadau'r cyfnod, ffermydd cynnar y cyfeirir atynt fel 'clystyrau o gytiau' mae llawer o'r caeau a gaewyd ac a ddefnyddiwyd gan y ffermwyr hyn i'w gweld yn glir i'r gogledd-ddwyrain ac i'r de o'r pentref. Mae siap afreolaidd y caeau a'r gwahaniaeth mewn uchder rhwng ochrau uchaf ac isaf rhai o'r waliau cerrig (canlyniad canrifoedd o aredig ar lethrau, ac a elwir yn linsiedi) yn dangos yn amlwg bod rhan helaeth o'r dirwedd hon wedi ei chreu mewn gwirionedd dros ddwy fil o flynyddoedd yn ôl. Grwp o gytiau o fewn wal ac olion hen gaeau sydd i'w weld yma.

Awn heibio'r **Ffynnon Wen** cyn cyrraedd y ffordd wrth Cae Haidd. Mae cynlluniau gan Michael Thomas i botelu dŵr y ffynnon, gŵr lleol yn mentro, gobeithio y bydd yn llwyddiannus ac felly'n gallu cynnig gwaith i bobl leol.

Mae 'na enwau da ar yr hafotai yn y cyffiniau, Hafod Lwyfog, Hafod Talog, Braichtrigwr.

Lle prysur yng nghyfnod llewyrchus y chwareli oedd **Stesion Bryngwyn**. Deuai trenau i fyny yn cario glo i'r gwerthwyr lleol ac i'r chwareli ac yna cludid y wagenni llawn llechi i lawr am Dinas a Chaernarfon. Mae gweddillion y waliau dan y drain yn y cae ar y chwith ger y grid gwartheg. Troswyd **Capel y Bryn MC 1906** yn dŷ ers blynyddoedd.

Mae'n hawdd gweld olion yr **Inclên** ar y tir comin, inclên ddwbl sydd yn codi tua 80 metr mewn hanner milltir, gollyngid hyd at bedair wagen llawn at y stesion a deuai wagenni gwag neu rai'n cario glo ar i fyny.

c) Hyd – 4½ m   Amser – 2½ awr

Fel b) at yr inclên, i'w phen ucha, dringo'r grisiau llechi ar y dde nes cyrraedd y ffordd, i'r dde, ac yna croesi'r ffordd at geg y llwybr trol ac arwydd Llwybr Llechi, i'r chwith at y Bwrdd Dehongli ble ceir hanes y ffordd haearn, ymlaen ar y llwybr nes cyrraedd y ffordd, i'r chwith heibio mynwent Hermon ac yn ôl am Gae'r Gors.

Wedi croesi'r ffordd a chychwyn ar y llwybr cewch fanylion am y ffordd haearn ar y **Bwrdd dehongli**, ynghyd â lluniau o'r prysurdeb a fu.

Yn y cae ar y chwith mae gweddillion twr o bennau llifiau llechi, y **Drumhead**. Ar hwn roedd y drwm a ddaliai'r rhaff, y *'weiar rôp'*, i godi a gostwng y wagenni ar yr inclên. Oddi yma gwahanai'r ffordd haearn gyda cangen yn mynd o gwmpas y mynydd i Gors y Bryniau, rhai i fyny'r ddwy inclên at chwareli'r Foel a Braich, a'r bedwaredd yn cyd-redeg â'r ffordd i'r Fron, drwy ganol y pentra ac i Chwarel y Fron.

Gwelir amryw o dyddynnod o gwmpas, a cewch syniad o'r frwydr fu i ddofi corsdir a'i throi yn borfa. Cawn sôn eto yn **nhaith afon Llifon** am y planhigion yn y gors ar y dde.

TAITH 8 **Hen lwybrau**

a) Hyd – 3m Amser – 1¹/₂ awr

Llwybr ochr uchaf i wal mynwent Rhosgadfan, dilyn yr afon at Bodgarad, y Bicell, i'r ffordd, i'r dde i fyny am Yr Erw, i fyny at y mynydd, i'r dde wrth y wal, llwybr heibio Hafoty Penbryn, Garnedd, chwith a dde yn ôl i'r pentra.

Wedi croesi'r cae wrth wal y fynwent daw swn afon bach y Foty, y Carrog, i'n clyw a dilynwn y llwybr yn gyfochrog â bwrlwm y dwr, llwybr mwdlyd mewn mannau ble mae'r gwartheg yn troedio, a choed drain, cyll a helyg yn cysgodi'r nant. Mae **Bodgarad** yn un o'r hafotai cynharaf yn yr ardal, sonia Glasynys am 'Nos Nadolig' yn disgwyl y plygain ym Modangharad yn *Cymru Fu 1862.* Dilynwn yr un llwybr yn agos i'r afon, trwy dir gwlyb nes down at lecyn braf yng nghysgod y llwyni, y **Bicall**.

. . . rhyw hanner ffordd rhwng Rhostryfan a rhan isaf y Waun-fawr yr oedd darn o dir a elwid yn 'Bicall.' Yr oedd yno ddigon o goed cyll a choed mwyar duon, a dyma ein cyrchfan ni yn nechrau Medi. Os byddai'r ysgol heb agor byddem yn cychwyn ar doriad y dydd i hel mwyar duon i'r Bicall, gan obeithio mai ni fyddai'r cyntaf yno, ac y caem helfa fras wedi i'r coed gael llonydd dros y Sul. Gan y byddai llawer o'r un feddwl, ni byddai'r helfa mor fras, er y caem ddigonedd. Un peth a wnaem cyn cyrraedd adref efo'r mwyar duon fyddai gorwedd ar dop un cae a

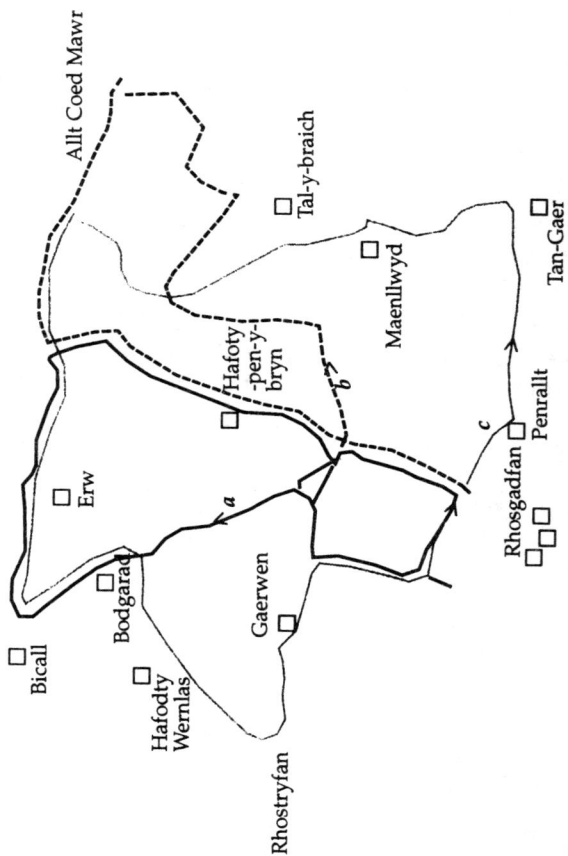

Hen Lwybrau

Allt Coed Mawr

Tal-y-braich

Tan-Gaer

Maenllwyd

Hafoty
-pen-y-
bryn

b

Erw

a

c

Penrallt

Rhosgadfan

Bodgarad

Gaerwen

Bicall

Hafodty
Wernlas

Rhostryfan

ddringem, cae hollol syth a elwid yn 'Cae Allt', a
rowlio ar ein hochrau i lawr i'w waelod. Yr oedd
gennym ddigon o ynni i ddringo i'w ben eilwaith. Yn
anffortunus weithiau, fe rowliai'r fasged fwyar duon
hefyd.

Y Lôn Wen

Ewch i lawr y ffordd a throi i'r dde wrth ochr y ffordd
haearn at ble'r oedd stesion **Tryfan Junction**, ble
gwahanai cangen Bryngwyn i gyrraedd y chwareli. Mae
llwybr heibio **Gwredog**, dros yr afon ac ymlaen am y
Waunfawr neu i lawr heibio Plas Glan-yr-Afon am
Bontnewydd.

Rhoddodd Cadwallon dir Gwaredog i Beuno godi
eglwys ond daeth mam a'i phlentyn heibio ac egluro mai
y baban oedd gwir berchennnog y tir. Diwedd y stori fu i
Beuno fynd draw am Gelynnog fawr yn Arfon a chodi'i
eglwys yno yn hytrach.

Rhed hen lwybr trol i fyny heibio'r Erw am Betws
Garmon. Saif **Yr Erw** mewn llecyn cysgodol, rhwng dwy
afon, Carrog a Gwyrfai. Cyfeiria Eben Fardd yn *Cyff
Beuno* at Ffynnon Benuo ar y tir. Wedi i'r llwybr wastatau
dilynwn y llwybr i fyny ar y dde a ddaw â ni allan i'r tir
mynydd ger pen ucha'r Lôn Wen. Mae olion cytiau a
chaeau o'r hen amser yma eto. Heibio Hafoty Penbryn,
Plas Ffynnon, Garnedd, yn ôl am y pentra.

b) Hyd – 4m   Amser 2 awr

I fyny at y groesffordd – i'r chwith – syth ymlaen i fyny'r Lôn Wen. Ychydig wedi cyrraedd y pen ucha mae llwybr i'r dde wrth wal y mynydd nes byddwch gyferbyn â Tal-y-braich, drwy giat ar y chwith ble mae'r postyn, un o'r rhai'n dynodi Llwybr y Pedwar Dyffryn, dilyn y pyst i lawr, i'r chwith yn y ffordd, i fyny'r allt a syth ymlaen yn y tro siarp. I fyny ar y chwith nes dod allan i dir y mynydd, i'r dde gan gadw'n weddol agos i'r wal, drwy'r giat at y llwybr trol am Hafoty Penbryn, i'r ffordd ac i'r chwith, yna i'r dde yn ôl am ganol y pentra.

Mae safle parcio ar y chwith ar y Lôn Wen ac yma mae **Cofeb Kate Roberts**. Gwaith Jonah Jones yw, gyda'r geiriau yma arni, 'Bu'r olygfa hon yn gyfrwng i adnewyddu ysbryd llawer ac yn ysbrydoliaeth i weithiau Kate Roberts o Rosgadfan 1891-1985.' Gresyn bod y fath ddiffyg parch at y safle.

Y Lôn Wen yw un o ffyrdd gwledig mwyaf adnabyddus Cymru.

Yr ydym yn gweld reit at Bont y Borth, ond yn gweld peth arall na fedrwn byth ei weld o'n tŷ ni – y Lôn Wen, sy'n mynd dros Foel Smatho i'r Waunfawr ac i'r Nefoedd. Mae hi'n mynd rhwng y grug ac yn cyrraedd llidiart y mynydd cyn disgyn i Alltgoed Mawr. Ni welwn hi wedyn.

Y Lôn Wen

Trown oddi ar y Lôn Wen ar ei phen uchaf, wrth Tŷ

Uchaf, ar draws y mynydd am Tal-y-braich. Gallaf yn hawdd ddychmygu profiadau'r gŵr ifanc yn y stori 'Dwy Storm', cerdddais y ffordd yma a'r gwynt yn chwipio sawl tro.

Fin tywyllnos, nos Sadwrn cyn Nadolig 1861, teithiai gŵr ifanc dros y Mynydd Llwyd i gyfeiriad Cwm Dugoed. Yr oedd yn chwipio rhewi ers oriau, a gwynt y dwyrain mor oer nes deifio'i wyneb a'i wneud yn ddideimlad . . . ar wahân i sŵn y gwynt nid oedd dim i'w glywed yn unman. Yr oedd sŵn ei draed ar y gwair a'r grug sych mor felfedaidd â sŵn cath yn cerdded ar garped . . . Toc daeth i ben y mynydd ac âi'r gwynt main drwy ei ddillad yn syth at y croen . . . gwelai oleuni bychan y dafarn i lawr yn y gwaelod a goleuni'r bythynnod ar yr ochr arall i'r cwm mor egwan â goleuni lleuad wleb.

Dwy Storm, Ffair Gaeaf

Mae'n hawdd rhoi'r enwau cywir i sawl man y cyfeiria Kate Roberts atynt yn ei storïau ac felly y tro yma, Moel Smytho yw y Mynydd Llwyd, dyffryn Gwyrfai yw Cwm Dugoed.

I lawr heibio adfeilion tyddyn Ty'n-y-graig, sylwch ar y cerrig mawrion yn y waliau. I lawr **Allt Coed Mawr**, gwelir i lawr i Ddyffryn Gwyrfai, a'r mynyddoedd gyferbyn, Cefn Du agosaf i'r môr, yna Moel Eilio, Foel Gron, Foel Goch, Moel Cynghorion a'r Wyddfa.

c) Hyd – 4½ m Amser – 2½ awr

Syth i fyny yn y groesffordd, at Penrallt, fforch chwith at Tan-gaer, chwith am Maenllwyd, ochr isa neu ucha iddo am Tal-braich, at dop y Lôn Wen, i lawr yr allt, troi i'r chwith, dilyn y llwybr heibio'r Erw at y Bicall, i fyny at Bodgarad, i'r dde tu ucha i'r adeiladau, heibio Hafoty Wernlas i gyrion Rhostryfan, llwybr y Gaerwen yn ôl i Rosgadfan.

Llwyn Celyn yw'r tŷ uchaf ar y chwith cyn cyrraedd pen yr allt.

Byddem yn mynd i'r seiat bob wythnos . . . Cofiaf un waith pan oedd un o'r blaenoriaid yn holi ar yr adnodau, iddo ofyn yn sydyn i un bachgen, Evie, Llwyn Celyn, 'Oes gynnoch chi adnod i brofi?' 'Oes,' meddai Evie, 'Yr hen a ŵyr a'r ifanc a dybia'. 'Nid adnod ydi honna,' meddai'r holwr.' 'Ia,'meddai Evie, a bu'n daeru am ychydig funudau rhwng y ddau. Nid Evie a roes i mewn chwaith. Yr un bachgen a fyddai'n rhoi ffug-enwau doniol wrth gystadlu mewn arholiadau ysgrythurol fel 'Dyfrgi o Rosgadfan', neu 'Draenog flewog'

Y Lôn Wen

O droi i lawr am Allt-Coed-mawr gwelir y capel a addasawyd yn chwaethus yn dŷ, a phaneli solar yn y to.

Yr ydym, griw ohonom, yn cerdded ar hyd y Lôn Wen gyda'r nos ym mis Ebrill, mynd yr ydym i bractis côr plant i gapel bach Alltgoed Mawr. Mae'r hogia yn cychwyn coelcerthi yn y grug ar ochr y ffordd ac yn tagu wrth fynd yn rhy agos atynt. Mae oglau mwg arnom yn cyrraedd y capel. Yno yn ein disgwyl mae'r arweinydd a phlant yr Alltgoed Mawr, plant o'r un teulu bron i gyd.

Y Lôn Wen

Wedi troi i'r chwith awn heibio Uwch Gwyrfai, Bryn Siriol a Bryn Mair, sylwch ar y cerrig mawrion yn y wal, a'r caeau bychain yr ochr ucha. Toc down at lwybr agored gyda golygfeydd da i lawr am lawr gwlad a'r môr. Mae caeau llawn rhedyn ar y chwith, wast o dir i gymharu â'r hen ddyddiau. Awn i lawr heibio'r Erw, ac wedi mynd yn is dirywia'r tir yn weirgloddiau gwlyb, tyf coed ar ochr y llwybr, cyll, drain, criafol, ac aroglwn helyg Mair yn y corstir. Awn dros bont, o dani rhed cangen Bryngwyn o'r lein bach. I lawr ac i'r dde ar y ffordd at stesion Tryfan Junction, braf gweld ymgais i warchod yr adeilad. Yn ôl ac ar y llwybr wrth waith dŵr y Bicall i fyny am Bodgarad (yn groes i 8a).

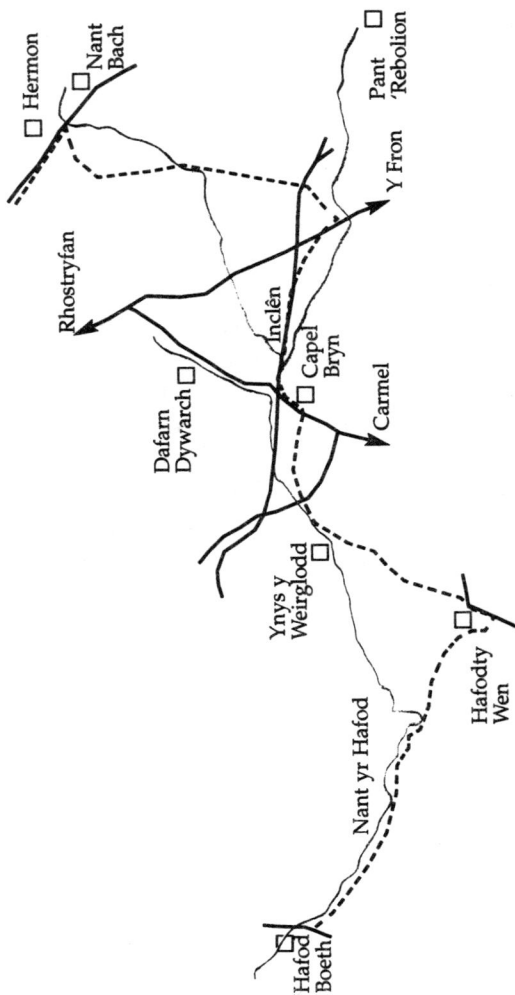

Dilyn Afon Llifon

Hermon

Nant
Bach

Pant
'Rebolion

Y Fron

Rhostryfan

Inclên

Capel
Bryn

Carmel

Dafarn
Dywarch

Ynys y
Weirglodd

Hafodty
Wen

Nant yr Hafod

Hafod
Boeth

Taith 9 **Dilyn afon Lifon**

a) Hyd 3¹/₂ m Amser – 2a

I fyny ac i'r dde yn y groesffordd, chwith wedi'r groesffordd nesa, i fyny at Nant Bach, dilyn llwybr y ffordd haearn, croesi'r ffordd ger arwydd Llwybrau Llechi, i'r dde, i lawr y grisiau llechi, dilyn yr inclên i lawr at y bont, i'r chwith yn y ffordd, i'r dde wrth y ciosg, croesi'r ffordd a dilyn yr afon at giat Ynys y Weirglodd, Troi yn ôl, i fyny at y capel, i'r chwith i fyny'r allt, i'r chwith eto yn ôl am Rosgadfan.

Cychwynwn ein taith ger **Nant Bach**. Mae un o darleoedd afon Llifon yn y cae o dan y tŷ, llifa ffrwd yn y pant a chroesa o dan y ffordd i **Gors Tan-foel**. Mae'n anodd gweld ble llifa'r nant drwy ganol y brwyn ond gwrandewch ar ei sŵn. Byddai peth codi mawn yma ers talwm.

Os dilynwn lwybr y ffordd haearn gyferbyn â mynwent Hermon down ar ei thraws eto yn union cyn cyrraedd y wal ar y chwith. Mae'n haws ei gweld yma. Fe groesa o dan y llwybr yn y man ble mae llechen eitha sylweddol ar yr ochr, ac fe welir ei llwybr yn y pant ar y dde. O gerdded ymlaen down at y ffordd a daw un arall o'r llednentydd i'r golwg ar y chwith, hon wedi cychwyn ei thaith ger Pant'rebolion. Gwelir y murddun a choed drain o'i gwmpas wrth edrych rhwng y tomennydd ar odre Moeltryfan.

Croeswn y ffordd a gwelir y ffrwd yma'n llifo'n gyflym

yr ochr isa. Trown i'r dde ar y ffordd, i lawr y grisiau llechi at y tir comin ac i lawr yr inclên, neu gallwch groesi i ddarganfod ffrwd Nant Bach eto a dilyn ei bwrlwm rhwng yr eithin. Tyf mintys y dŵr, llafnlys a blodyn mwnci yma, ond maent mewn peryg gan bod planhigyn estron wedi lledaenu'n andros o gyflym, jac y neidiwr, *Himalayan Balsam, Impatiens glandulifera*. Planhigyn blwydd sy'n lledaenu wrth i'r hâd ffrwydro dros bellter.

Ychydig cyn gwaelod yr inclên fe una'r ddwy ffrwd mewn cymer, yna llifa dan y bont, Pont Dafarn, ac ychydig gamau yn is daw llednant arall i ymuno â hi o'r dde, hon wedi dod o Gors Dafarn sydd i'w gweld ar y dde o ben yr allt. Awn heibio ar ein fordd yn ôl. Dyna chi wedi gweld tair brif llednant y Llifon. O'r fan yma y gelwir hi'n afon Llifon.

Trowch i'r chwith yn y ffordd ac yna i lawr y llwybr ar y dde wrth gongl wal Llys Hiraethog. Croesi pont nodweddiadol, roedd digon o lechi mawr fel hon i'w cael i ffurfio pontydd yn nyddiau'r chwareli. Gellir dilyn yr afon ar y tir comin draw at giat Ynys y Weirglodd, ble gwelwch effeithiau erydu a dyddodi yn glir a chlai yn y golwg ar y dorlan. Gwelwch fel mae'r nant wedi lledu a dyfnhau mewn dim o dro.

Rhaid troi yn ôl yma, yn ôl i'r ffordd, heibio hen gapel y Bryn ac i fyny Allt Dafarn. Ar y chwith roedd yr hen Dafarn Dyweirch, cyrchfan y codwyr mawn.

b) Hyd – 5¹/₂ m   Amser – 3 awr

Mae'n bosib mynd ymlaen ar y llwybr cyhoeddus o Ynys y Weirglodd at Hafoty Wen, drwy'r buarth, i lawr, giat ochr chwith y cae cyn cyrraedd yr afon, dilyn y llwybr yma'n gyfochrog â'r afon drwy Nant yr Hafod at Hafod Boeth ar gyrion y Groeslon, i'r dde at Ffatri Tryfan, i'r dde am Rhos-isaf i Rostryfan ac i fyny am Rhosgadfan.

Mae'n werth gwneud y rhan yma o'r daith, mae'n llecyn bendigedig. Mae'r nant yn afon erbyn hyn, yn dolennu mewn pant dwfn. Mae yna fannau clir, mannau coediog, mannau wrth fodd hogia fyddai'n sgota â'u dwylo. Brithyll, tatws newydd a madarch o'r caea yn ffrio yn y badell a'r ogla'n llenwi'r gegin.

Mi fyddai Nant yr Hafod yn lle chwara bendigedig, chwara 'cowbois ac Indians' yn y coed cyll, chwara môr ladron ar Ynys y Trysor, cael 'chase' gan Cec Glynmeibion, unrhyw beth oedd yn bosib i ddychymyg plentyn. Diolch am blentyndod mewn llefydd tebyg.

Craffwch ac fe welwch amrywiaeth o blanhigion o fan cychwyn y daith i lawr at Hafod Boeth, fel plu'r gweunydd, ffa'r corsydd, melyn y gors, llafnlys, iris felen, berw'r dŵr, mintys y dŵr, blodyn mwnci, melyn y gors, cegid y dŵr, briallu, clychau'r gôg, blodyn y gwynt, melog y waun, briallu Mair.

Cilia draw wedi'r gawod – i wynfyd
    Cymanfa'r mwyalchod,
Wrth afon fyw, byw a bod,
A thwyllo hen frithyllod.

Dewi Emrys

Wrth y tro pan anelwn am Rhos Isaf mae **Ffatri Tryfan**, a roedd melinau eraill yn defnyddio ynni'r afon, ychydig is ar ei llwybr, Felin Forgan a Melin Llwyn Gwalch. Melin flawd a ffatri wlân fel arfer.

Awn yn ein holau trwy Rhos Isa a Rhostryfan, a chawn weld pa mor boblog yw'r ardal, hafotai, tyddynnod, tai moel bychain ar wahan ar ochr y ffyrdd, tai teras y chwarelwyr, a diolch byth, cymharol ychydig o dai newydd mawr moethus, croes i'r graen i'r ardal.

Taith 10 **Y chwareli**

Hyd – 4m   Amser – 2 i 2¹/₂ awr

Dilyn llwybrau cyhoeddus fyddwn gydol y daith, mae giatiau neu gamfeydd, un neu ddau o lefydd lle mae angen gofal i gadw ar y llwybr, a chadw'n glir o'r tyllau.

Cychwyn o'r Fron, i'r chwith ddwywaith i ddilyn llwybr ar y domen at chwarel y Cilgwyn, gyferbyn â'r twll cynta i'r chwith o'r giat a'r ffens, dwy giat, dilyn llwybr i lawr ar letraws, giat ac i lawr eto, tyllau Penyrorsedd ar y chwith, GOFAL, giat syth ymlaen, ddim at y domen, camfa ar odre'r domen, llwybr o gwmpas y pyramid o domen, GOFAL, chwith ar y gwastad heibio sied fechan, chwith yn siarp i lawr at lefel y siediau, i'r dde a chadw i'r dde o'r adeiladau, gwastad am sbel wrth ochr tomen, camfa ac i lawr ar lwybr llydan, GOFAL yn agos at dwll Penbryn, at y felin, giat a heibio murddun Penbryn, llwybr canol at yr Hen Lôn, i'r dde, ochr dde i dwll Dorothea, i'r dde tu draw i chwarel Talysarn i fyny'r llwybr clir ar y domen, gwyro i'r dde at giat yn y pen ucha, i fyny'r grisia ac ar yr un llwybr ar i fyny i'r Cilgwyn, i'r dde ar y ffordd at gapel Cilgwyn, ymlaen ar y llwybr trol yn ôl i'r Fron.

Dyfeisiodd John Edwards system i dynnu dŵr o Lyn Ffynhonnau er mwyn gyrru olwyn ddŵr y chwarel a dyna pryd y cronnwyd **Llyn Cob**, sydd yn y golwg ar y dde cyn cyrraedd y twll.

Chwarel Cilgwyn yn ôl y sôn yw'r hynaf yng Nghymru a bu ymysg y rhai mwyaf llewyrchus. Bu'n eiddo nifer o gwmnïau gydag *'entrepreneurs'* fel John Evans, Muskett,

Y Chwareli

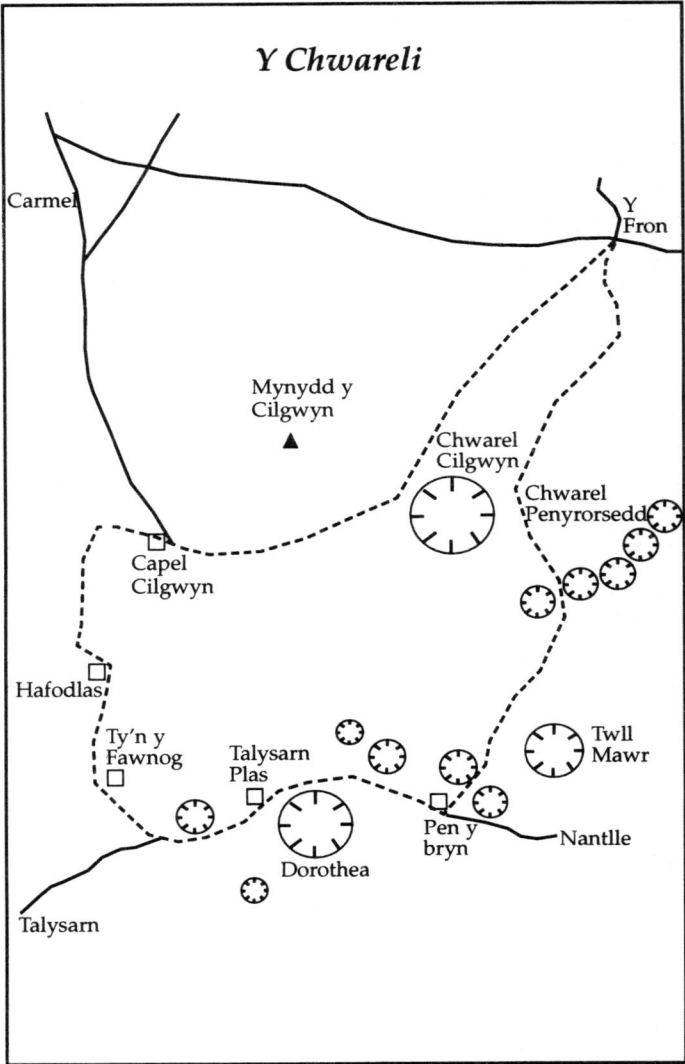

Carmel

Y Fron

Mynydd y
Cilgwyn
▲

Chwarel
Cilgwyn

Chwarel
Penyrorsedd

Capel
Cilgwyn

Hafodlas

Ty'n y
Fawnog

Talysarn
Plas

Twll
Mawr

Pen y
bryn

Nantlle

Dorothea

Talysarn

Hayward yn ei rheoli, y *Caernarvonshire Crown Slate Quarries* oedd y perchennog olaf, fel yn hanes chwareli'r Foel a Chors y Bryniau. Yma y bu aelodau o deulu Kate Roberts yn llafurio am flynyddoedd. Ni bu fawr o weithio wedi diwedd y 1940au.

Wedi mynd drwy'r giat ewch yn groes i'n taith, i'r chwith wrth ochr y wal i weld dau nodwedd. Hen gorlan o grawiau, a charreg fawr wastad a deunaw o dyllau twt ynddi, dyma enghraifft arall dda o **garreg ganon**. Wedi tanio deuai ffrwydriadau bychain un ar ôl y llall. Mae'r caeau yma'n llawn rhedyn felly cymrwch ofal dros yr haf rhag camu i ffos.

Un funud mae rhywun mewn cae yn llawn defaid, y funud nesaf yn syllu i lawr twll chwarel anferth. Felly yma pan gyrhaeddwn waelod y cae a thrwy'r giat i olwg tyllau **Penyrorsedd** ar y chwith. Agorwyd chwarel Penyrorsedd tua 1816 gan William Turner a datblygwyd rhes o dyllau ar wahanol adegau, a chodwyd siediau a ffyrdd haearn ar wahanol lefelau, gydag inclên rhyngddynt. Cyflogid dros 400 yn y 1880au yn ystod dyddiau aur cwmni *W A Darbyshire*. Eiddo McAlpines yw bellach, gyda dau neu dri yn gweithio yma, yn codi cerrig gwyrddion a'u cario i'r Penrhyn i'w malu'n fân.

Mae cynlluniau ar y gweill i adfer y gweithdai a chynnig hyfforddiant mewn peirianneg, gresyn na fu'r criw gweithgar yn llwyddiannus ar y rhaglen deledu *Restoration*.

Mae yna ryw harddwch mewn creithiau fel hyn, gellir edmygu siap y creigiau mewn haul a chysgod, y lliwiau yn enwedig wedi glaw, a natur yn araf ail-feddiannu.

Un o dyllau **Penybryn** sydd i'r dde o'r llwybr. Roedd yna sawl twll perthynol i chwarel Penybryn hefyd, gwnaed defnydd cynnar o *'plateways'*, y tramffyrdd mewnol. Cloddiodd 240 o chwarelwyr 5000 tunnell yn 1882. Achosodd cwymp enfawr y cau terfynol yn 1950, a llanwyd rhai o'r tyllau â rwbel Penyrorsedd, Twll Balast â gwastraff gwenwynig ffatri Peblig a Thwll Mawr â dŵr glas, glas a chreigiau yn holltau blith drafflith.

Cerddwn dros domen a dilyn y llwybr igam-ogam nes dod at weddillion siediau. Rhed y llwybr yn weddol wastad drwy ddau gae a choed praff ynddynt, golygfa wledig dawel, nes i rywun edrych ymhellach a gweld ein bod wedi'n amgylchynnu gan domennydd rwbel. Gallwch wyro oddi wrth y llwybr i weld lliw dŵr Twll Mawr, mae ffens rhyngddoch â'r dibyn. Trown i lawr tua ffermdy Penybryn, sy'n wag bellach, bu'n gartref i John a Betty Penbryn a'u rhieni, Betty Helena Williams AS.

Dyma'r **Hen Lôn** rhwng Talysarn a Nantlle. Un noson yn 1924 disgynnodd rhan o'r ffordd i Dwll Coch Dorothea ger mynedfa Plas Talysarn yn union wedi i fws fynd heibio. Dyna pam y bu raid agor y ffordd newydd yr ochr arall i'r dyffryn yn 1926.

Dorothea oedd chwarel fwya'r dyffryn ar un adeg. Cloddfa Turner oedd i ddechrau, William Turner a John Morgan a'i datblygodd ar dir Richard Garnons, ail-enwyd hi'n Dorothea, enw gwraig Garnons. Daeth teulu

John Williams o Ddinbych yn brif gyfranddalwyr, a'r teulu yma fu'n berchnogion wedi hynny tan y diwedd yn 1970. Cynhyrchodd 500 a mwy o weithwyr dros 16000 tunnell yn 1882. Bu llawer o ddatblygiadau peirianyddol pwysig yma, injian stêm De Winton, Blondins i godi'r wagenni o'r tyllau, nifer o inclêns, peiriant trawst i bwmpio dŵr o'r gwaelod, sy'n dal ar ei draed.

Plas Talysarn oedd cartref perchennog chwarel Talysarn dros ei chyfnod mwyaf llewyrchus, John Robinson, a bu eraill o'r teulu'n llwyddiannus gyda sawl menter. Roedd enw da iddo am ei ofal o'r gweithwyr.

Talysarn oedd un o chwareli cynharaf y dyffryn, ar dir fferm Talysarn, yma hefyd y tyfodd cnewyllyn y pentra. Roedd cymaint â 100 yn gweithio yma mor gynnar â 1790, a thros 500 erbyn y 1870au.

Gwelir olion gwastau'r tomennydd ar gŵr y pentra, **Gloddfa Glai a Chloddfa Goed** fyddai yma. Daeth y pwmp stêm cyntaf yn y diwydiant i Gloddfa Goed yn 1807. Gwastatawyd y tomennydd dan gynllun Adennill Tir Diffaith Awdurdod Datblygu Cymru yn 1977 gan lenwi'r tyllau, creu llyn braf a llwybrau a meinciau a'r tir wedi glasu bellach. Doedd gan yr hen chwarelwyr fawr o amser hamdden ond mae croeso i chi fynd am dro bach.

Trown i fyny ar y dde cyn cyrraedd y cylchdro, ar hen domen, at giat yn y pen ucha a dilyn hen lwybr i fyny am y Cilgwyn. Mae murddun Ty'n-y-fawnog ar y dde yn y pant, safle braf i fyw ers talwm. Awn heibio murddun

Hafodlas a thyddynnod a rhes dai **Parc Bel** ac i'r ffordd o dan y domen. Roedd cymuned y Cilgwyn yn gymdogaeth glos yn oes y chwarel, digon poblog i gyfiawnhau codi capel y Cilgwyn. Awn yn ôl i'r Fron ar y llwybr trol o gwmpas y mynydd.

Gellid cyfuno'r ddwy daith o gwmpas y chwareli, 4b a hon, cyn belled ag y gellid trefnu cludiant yn ôl o Dalysarn i Gae'r Gors.

Taith 11 **Llwybr y Pedwar Dyffryn**

a) Hyd – 8¹/₂ m   Amser – 4 i 5 awr

O ben ucha'r Lôn Wen troi am y mynydd wrth ochr wal y mynydd nes dod at y postyn coch gyferbyn â Tal-braich, gellir dilyn y postiau wedyn rhwng Moeltryfan a Mynydd Grug, heibio Llyn Ffynhonnau, twll Braich, i'r Fron, croesi'r llecyn glas, dilyn arwydd Cilgwyn dros y ffordd, ar ochr y mynydd tu ucha i Chwarel y Cilgwyn at Gapel Cilgwyn, i lawr y ffordd i'r dde o'r capel, troi ar y mynydd wrth arwydd o dan Pencilan, o gwmpas Mynydd y Cilgwyn, dros y ffordd ger gwaelod y domen ac ar Lôn Buarth i Fwlch-y-llyn, i'r chwith ar y ffordd yn ôl i Rosgadfan.

b) Hyd – 6 milltir   Amser – 3 i 3¹/₂ awr.

Ymlaen dros Glogwyn Melyn i Benygroes. I'r chwith o gapel Cilgwyn, giat ar y chwith wrth arwydd Parc, giat i'r dde, giat i'r chwith, gwyro i'r dde wrth y wal heibio'r ail dyddyn, anelu'n syth i lawr am Benygroes, i'r ffordd ac i'r dde am y pentra.

Mae'r llwybr yma'n rhedeg o Ddyffryn Ogwen i Ddyffryn Peris i Ddyffryn Gwyrfai ac ymlaen i Ddyffryn Nantlle. Fe gerddwn ni ran ohono, rhwng y wal fynydd ar ben ucha'r Lôn Wen ac ochr y Cilgwyn. Gallwch gwblhau taith gylch neu drefnu cludiant yn y pen pella.

Cychwynwn tu cefn i gaeau Tal-braich, uwchben Maenllwyd a heibio Hafod Ruffydd, at y ffordd ac i'r

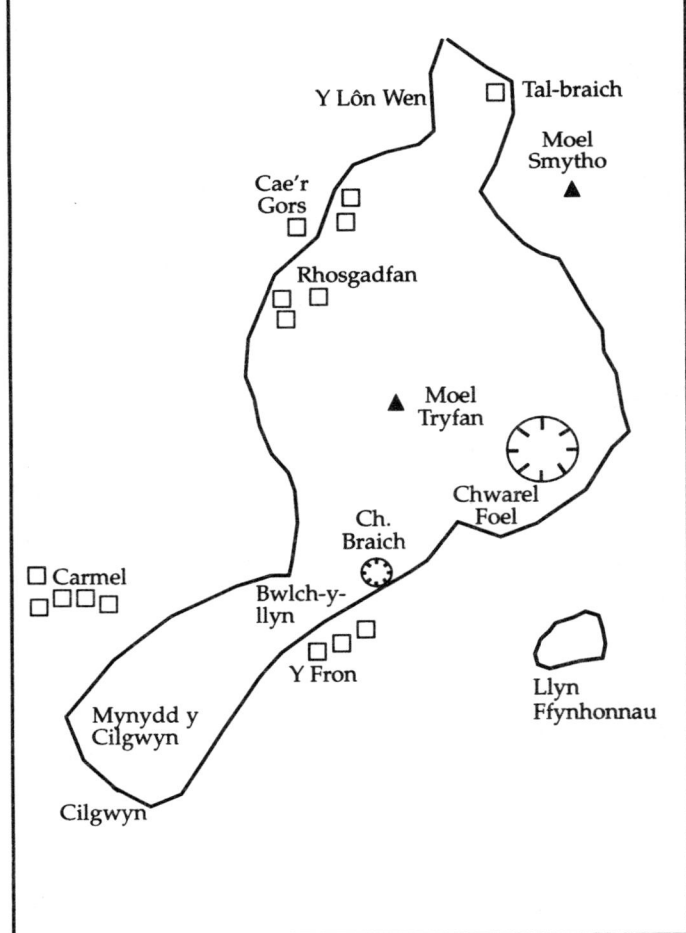

Llwybr y Pedwar Dyffryn

Y Lôn Wen

Tal-braich

Moel
Smytho ▲

Cae'r
Gors

Rhosgadfan

▲ Moel
Tryfan

Chwarel
Foel

Ch.
Braich

Carmel

Bwlch-y-
llyn

Y Fron

Mynydd y
Cilgwyn

Llyn
Ffynhonnau

Cilgwyn

chwith ac wedyn i'r dde wrth y postyn. Rhed ein llwybr ar wastadeddd eang rhwng y mynyddoedd, rhostir grugog, corsiog mewn mannau, agored i'r gwynt a'r glaw, lle i deimlo'n rhydd.

Mae 'na andros o garreg fawr ar ei phen ei hun ar y rhostir, rhy drwm i'r rhewlif ei chario ymhellach. Mae'r goediwg wrth odre Mynydd Grug, a Chwm Du tu draw iddi. Cronnwyd dŵr ar gyfer y chwarel, bylchwyd yr argae, planwyd rhes o ddrain, mae coed yn brin iawn yma, heblaw am y dieithriaid bythwyrdd. Awn draw heibio nifer o bantiau a phonciau, ambell bwll ble tyf plu'r gweunydd a daw Llyn Ffynhonnau i'r golwg oddi tanom. Piciwch i lawr am baned heddychlon.

Trown i fyny yn ôl i'r llwybr, heibio tomen chwarel Blaen Fferam a draw at Blas Braich a thyddynnod eraill ac i lawr uwchben Twll Braich am y Fron. Bu sawl enw ar y pentra, Llandwrog Ucha oherwydd ei safle yn y plwy; Cesarea ar ôl y capel, a ddymchwelwyd yn 2006; Bronyfoel sy'n enw i'r ysgol heddiw; a'r enw syml presennol, **Y Fron**. Wedi cychwyn ar y ffordd am y Cilgwyn edrychwch yn ôl ar y pentra a mi welwch pam y'i gelwid yn Bron-y-foel.

Daw peth o lawr Dyffryn Nantlle i'r golwg, ffermydd Talymignedd, y Ffridd a'r Gelli a Llyn Nantlle Uchaf. Mae holl fawredd crib Nantlle yn amlwg, ac un o'm hoff lecynnau gyferbyn, Cwm Silyn, a'i graig enfawr dywyll. O bosib y byddwch wedi arogli'r 'dymp' cyn y daw i'r golwg, arllwyswyd ein sbwriel i dyllau Chwarel y Cilgwyn ers tua 30 mlynedd bellach. Maent yn llawn a dim ond un twll ar ôl, nis gwyddys ei ddyfodol ar hyn o bryd.

Fe dry'r llwybr yn raddol o gwmpas y mynydd a gwelwn Tanrallt a thai Bro Silyn ar gyrion Talysarn gyferbyn, ac ymhellach fynyddoedd yr Eifl a'r môr. Rydym rhwng mynydd a môr gydol yr amser yn yr ardal yma. Bryn Glas, Samaria, Gorlan Lwyd, Pen-ffynnon-wen, Pengroeslon, dieithriaid sydd yma mwyach, ag eiddo'r brain yw y murddunod.

Arferai'r teulu fyw yn nau o dai **Pen-ffynnon-wen**,

> Yn ein Pen-ffynnon-wen ninnau – mae'r haf
>   Ym mharhad y muriau
> A'n haul ni'n dal i lanhau'r
> Tŷ llwyd yn aelwyd olau.

Myrddin ap Dafydd

Addaswyd Capel y Cilgwyn yn dŷ yn ddiweddar, a da o beth yw hynny, gwell gennyf glywed sŵn plant yma na brefiadau defaid tu mewn a chrawcian brain ar y distiau.

Magwyd fy nhad ym Mhencilan, meddiannais innau ef un noson gyda cyfaill o aelod Cymdeithas yr Iaith.

Mae'r eithin a'r grug yn dew ar y mynydd yma, cyfle i goed dyfu, criafol a chelyn yn bennaf. Mae'r llwybr ar y gwastad o gwmpas y mynydd yn glir, yn pasio'r ochr ucha i Garmel. Wedi mynd heibio'r gwaith dŵr trowch i'r chwith, croesi'r ffordd ac am Lôn y Buarth. Down i olwg tyddynnod ochr y Bryn a'r Cim, ardal o bant a phonciau a chaeau bychain.

Chwilwch am y rhain o'r fan yma i Fwlch-y-llyn;

Bwlch y Ffordd, Buarth, tŷ bach ym mhen draw'r ardd, Cae Ffynnon, Penbwlch, llechen yn gilbost, Pen Bonc, darnau o gledrau'r ffordd haearn, Bron Rhiw, ffens grawia, yr enwau a'r nodweddion mor gyfarwydd i mi.

b) Mae Clogwyn Melyn yn rhan o'r tir comin, gyda digonedd o eithin a chreigiau arno, a gwnhingod. Bryn Melyn oedd enw ardal Carmel cyn codi'r pentra. Cawn olwg dda ar Ddyffryn Nantlle ar gychwyn y llwybr, a golwg ar Afon Llyfni pan nesawn at Hen Lôn.

1 Taith y Mabinogi

Caernarfon, Y Foryd, Llandwrog, Dinas Dinlle, Pontllyfni, Aberdesach, Talysarn, Nantlle

Ffurfiwyd y tirwedd a welwn gan weithgareddau cymdeithasol, economaidd a chrefyddol dros filoedd o flynyddoedd. I lawn ddeall beth welwn o'n cwmpas heddiw rhaid bod yn ymwybodol o beth a fu, a sylweddoli mai newid yn barhaus mae'r tirwedd. Wrth grwydro'r ardal gallwn ymdeimlo â hud ein hen hanes a'n chwedlau, yn wir awn yn ôl at ein hen, hen dduwiau Celtaidd.

Er ei hud a lledrith a'i digwyddiadau arall-fydol, lleolwyd Pedwaredd Gainc y Mabinogi mewn tirwedd go iawn y gallwn ei olrhain o enwau llefydd a geir yn y straeon ac a ddefnyddir hyd heddiw. Mae ardal Ffestiniog yn frith ohonynt, a'r un modd mae Dyffryn Nantlle'n gyforiog â chysylltiadau tebyg.

Yng **Nghaer Dathl** yn Arfon yr oedd llys Math fab Mathonwy, arglwydd Gwynedd, a sonnir hefyd am Gaer Seint yn Arfon, a'r un yw'r ddau sef Caernarfon.
    Yn dilyn ystryw Gwydion a Gilfaethwy yn Nyfed gyda Pryderi arhosodd Math amdanynt ym **Maenor Coed Alun**. Coed Helen yw'r enw erbyn heddiw, wedi mabwysiadu enw Elen Luyddawg o chwedl Macsen Wledig.

O deithio ar hyd y Foryd gwelir **Trwyn Abermenai** gyferbyn. Yma'n rhywle y lluniodd Gwydion a'r mab dienw y llong hud allan o'r hesg a dyfai yno, a hwylio draw am Gaer Arianrhod yn rhith cryddion.

A thrannoeth, cododd a chymryd y mab gydag ef a mynd i gerdded gyda glan y weilgi rhwng y lle hwnnw ac Aber Menai. Ac yn y lle y gwelodd ddelysg a gwymon fe hudodd long.

Newidiodd eu pryd a gwedd a hwylio draw i weld mam y mab, Arianrhod ferch Dôn. Tra yn ei chaer llwyddodd Gwydion gyda'i ddewiniaeth i'w thwyllo i roi arfau ac enw i'w mab, Lleu Llaw Gyffes.

Yna fe ddaethant hwy tua Dinas Dinlleu. Ac yno, feithrin Lleu Llaw Gyffes hyd oni allai farchogaeth pob march . . .

Cofir am yr hanes yn enwau **Dinas Dinlle** a **Chaer Arianrhod**. Gellir gweld pentwr o gerrig rhwng Dinas Dinlle a Phontllyfni ar drai isel, sef safle'r gaer. Hen gaer ffos a chlawdd yw Dinas Dinlle a godwyd tua dwy fil o flynyddoedd yn ôl ar boncen naturiol o waddod rhewlifol. Roedd dwy wal bridd a ffos ddofn rhyngddynt a nifer o gytiau crynion tu mewn. Mae'r tir yn eiddo'r Ymddiriedolaeth Genedlaethol, sydd â chynlluniau i reoli a gwarchod y gaer.

Ar lan y môr rhwng Pontllyfni ac Aberdesach mae **Trwyn Maen Dylan**, sy'n coffau brawd Lleu, Dylan Eil Ton.

Gallwch gerdded ato o draethau Pontllyfni neu Aberdesach.

Bedyddiwyd y mab a chyn gynted ag y bedyddiwyd ef fe gyrchodd y môr. Ac ar unwaith, cyn gynted ag y daeth i'r môr, fe gafodd natur y môr ac fe nofiai cystal â'r pysgod gorau yn y môr ac oherwydd hynny y gelwid ef Dylan Eil Ton.

Mae ffermydd Bryn Gwydion, Lleuar Bach a Lleuar Fawr rhwng Penygroes a Phontllyfni. Yn Nyffryn Nantlle ei hun mae sawl cyfeiriad at y chwedl.

Goewin, ferch Pebin oedd y forwyn a wasanaethai ar Math. Rhaid oedd iddo orffwys ei draed yn arffed morwyn yn ystod cyfnod o heddwch a hi wnai'r swyddogaeth yma. Safai fferm **Dôl Pebin** ar lawr y dyffryn, ond fe'i chwalwyd pan godwyd tai cyngor Bro Silyn ar gyrion Talysarn.

Wedi i Lleu hedfan ymaith ar ffurf eryr ar ôl i waywffon Gronw Pefr ei drywannu aeth Gwydion i chwilio amdano. Aeth i **Faenor Bennardd**, mae fferm Penarth ar y ffordd gul i fyny o Aberdesach. Mae cromlech yn y cae gyferbyn. Roedd y ffermwr yn cadw moch ac aeth Gwydion yno a dilyn baedd a ddiflannai bob dydd, dilynnodd ef i ddyffryn coediog ac yno rhwng dau lyn safai derwen braff. Ar un o ganghennau ucha'r goeden gwelodd eryr truenus yr olwg, sylweddolodd mai Lleu ydoedd a thrwy adrodd englynion llwyddodd i'w gael i lawr a'i weddnewid i ffurf ddynol. Ar y ddôl rhwng dau lyn Nantlle, ym **Maladeulyn** yr oedd y dderwen,

Derwen a dyf rhwng dau lyn
Yn cysgodi'n dywyll awyr a glyn.
Oni ddywedaf i gelwydd
O flodau Lleu y mae hyn.

Nid ar ymweliad sydyn y dylid dwyn i gof straeon y Mabinogi, byddai'n werth oedi i sawru'r awyrgylch, mynd ym mhob tywydd, a rhoi rhwydd hynt i'r dychymyg wrth droedio dyffryn duw'r goleuni.

2 Straeon gwerin

Carmel, Groeslon, hen lôn i Benygroes, i'r dde yn y cylchdro am Bontllyfni, troi i'r dde yn y briffordd i Barc Glynllifon, i lawr i Landwrog gyferbyn ar y dde, ffordd Dinas Dinlle, i'r chwith yn ôl i'r briffordd, i'r dde am Bontllyfni a Chlynnog, i'r chwith at stad Llwyn y Ne, yn ôl i Bontllyfni, troi i'r dde am Frynaearu, dros Bont y Cim i Benygroes, (bws yn ôl i'r briffordd) am Llanllyfni, i'r chwith ar Lôn Ddŵr yng ngwaelod y pentra, drwy Tanrallt, Bro Silyn, dde am Nantlle, Drws y Coed, Rhydddu, i'r chwith am Betws Garmon, i fyny Allt Coed-mawr cyn cyrraedd y Waunfawr, (bws i Gaeathro a'r Bontnewydd).

Nodaf rai o brif straeon gwerin yr ardal. Perthyn y rhain i'r cyfnod cyn datblygiad y chwareli, pan nad oedd ond ychydig o bobl yn byw yn y cyffiniau, ar ffermydd llawr gwlad ac yn y pentrefi bychain o gwmpas eglwysi'r plwyfi. Poblogaeth eitha sefydlog, a'r hen straeon felly'n cael eu trosglwyddo o genhedlaeth i genhedlaeth. Pan ddaeth y llif o bobl i fyw yma gyda datblygiad y chwareli ni wyddent hwy ddim am yr hen straeon, a dichon bod amryw wedi mynd ar goll yn llwch yr amser gynt.

Mae ffermdy Garth Dorwen ar y dde cyn dod i bentra Penygroes o'r Groeslon. Diflannodd **Morwyn Garth Dorwen** heb rybudd yn y byd. Ymhen ychydig aeth y wraig gyda gŵr ifanc i ogof yn y mynyddoedd i gynorthwyo gyda genedigaeth, adnabu y fam fel ei morwyn pan rwbiodd ei llygaid ag eli ar ddamwain. Pan ddeallodd y gŵr beth ddigwyddodd tynnodd lygaid yr hen wraig allan gyda brwynen. Cai morwyn Garth

Dorwen gymorth y tylwyth teg i nyddu ar yr amod y priodai un ohonynt a dyna pam y diflannodd un noson. Diflannodd Cae'r Forwyn dan y ffordd osgoi bellach hefyd.

Mae o leiaf dair stori wahanol am Cilmyn, mae'n ffermwr tlawd yn darganfod trysor mewn ogof ger ei gartref ar lan afon Llifon; mae'n cipio cyfrol gyfrin oddi ar gewri ar gopa Tre'r Ceiri; mae'n bendefig a ymsefydlodd yma, ac yn suddo i fawnog. Yr un peth cyffredin i'r straeon yw bod ei goes yn cyffwrdd dŵr ac yn troi'n ddu, ac yn parhau'n ddu am weddill ei oes, ac yntau'n cael ei alw yn **Cilmyn Droed-ddu** o'r herwydd. Mae coes ddu ar arfbais teulu Glynllifon ers canrifoedd.

Boddwyd **Caer Arianrhod** oherwydd pechodau'r trigolion, amrywaid ar stori boddi Cantre'r Gwaelod a sawl man arall drwy Gymru. Arferai tair chwaer fynd i Gae'r Loda i mofyn bwyd, ac un tro gwelsant y môr yn bylchu muriau'r gaer a dihangodd y dair mewn pryd. Enwir ffermydd ger Llandwrog ar eu holau, Rhos Maelan, Tyddyn Elan a Bedd Gwennan. Mae Bedd Gwennan yn enw ar stad yng nghanol y pentra ac enwyd stad arall yn Maes Gwydion. Saif Tyddyn Elan a Rhos Maelan i'r de o Ddinas Dinlle, yn union gyferbyn â Chaer Arianrhod.

Gweddïai mynach o abaty Clynnog byth a beunydd am gael gweld y nefoedd. Aeth i gysgu mewn llannerch yn y coed a chlywodd aderyn diarth yn canu'n beraidd. Pan ddeffrodd a cherdded yn ôl am yr eglwys rhyfeddodd fel roedd y lle wedi newid cymaint mewn pnawn, 'doedd o'n nabod yr un enaid byw. Er hynny cafodd groeso a'i hebrwng i'w hen ystafell i orffwyso. Pan alwodd mynach i'w ddeffro yn y bore 'doedd ond dyrnaid o lwch ar y gobennydd ble y bu. **Llwyn y Ne** yw enw'r stad dai ble'r oedd y goedwig. Manteisiwch ar y cyfle i fynd i weld Eglwys hynafol Beuno Sant a bedd Eben Fardd.

Edmygwch y gwaith da wnaed i atgyweirio Efail y Cim, gwaith cwmni Jones Brothers o Bontnewydd, yr un cwmni wnaeth y gwaith ar Gae'r Gors. Arhoswch wrth y bont gul dros afon Llyfni, **Pont y Cim**. Ceisiodd Rhys o Elernion groesi'r Llyfni mewn storm pan ar ei ffordd i weld ei gariad Catrin o Eithinog. Fe'i sgubwyd ymaith gan y lli a bu foddi. Yn ei thrallod rhoddodd Catrin arian i godi pont fel na ddigwyddai trychineb tebyg. Gallwch weld y cofnod ar ganllaw'r bont, *'Catrin Buckle hath give twenty poundes to mack this brighe 1612.'*

Wedi troi ar Lôn Ddŵr yn Llanllyfni y ffermdy cyntaf ar y dde yw **Rhos yr unman**. Dyma stori a grewyd i geisio egluro enw lle. Gwelwyd haid o Wyddelod yn gwersylla yng Nghwm Dulyn a'u bryd ar ymosod ar Gaer Engan. Cloddiwyd ffosydd ar y llethr rhwng y mynydd a'r gaer, cuddiodd y brodorion ynddynt, ac wedyn ymosod ar y Gwyddelod fel yr aent heibio. Rhos yr unman yw enw'r fferm, sef neb yn y golwg yn unman. Yr ystyr go iawn yw 'rhos y rhuman', sef tir corsiog, a mae digon o hwnnw o gwmpas.

Wedi mynd trwy Tanrallt daw stad dai cyngor Bro Silyn i'r golwg ar y chwith. Yma'r oedd ffermdy Dôl Pebin, cartref y forwyn Goewin y clywsom amdani eisoes.

Gwnaed gwaith da yn adnewyddu'r Barics, sydd ar y chwith fel y dowch i Nantlle, yn unedau i grefftwyr, a neuadd gymuned Llys Llywelyn. Oedwch wrth gapel Baladeulyn i weld y gofeb a symudwyd o Chwarel Penyrorsedd.

Tu draw i'r pentra mae fferm Gelliffrydiau. Gosodwyd amod cyn y cai gwas y Gelli briodi merch Talymignedd. Rhaid fyddai iddo aros tros nos ar y ffridd heb gerpyn amdano ar noson rewllyd o Ionawr! Llwyddodd i oroesi trwy daro polyn i'r ddaear â gordd, a gorffwys bob yn ail â'i ben ar y pren cynnes. **Rhos y Pawl** yw enw'r ffridd uwchben y Gelliffrydiau hyd heddiw.

Ym mhen ucha'r dyffryn mae Llyn y Dywarchen. Gwelodd llanc o fugail dylwyth teg yma unwaith, a merch eithriadol brydferth yn eu mysg. Llwyddodd i'w chael i'w briodi, ar yr amod nad oedd i'w tharo â haearn. Buont fyw yn hapus am flynyddoedd, magu teulu a'r fferm yn ffynnu. Yna ar ddamwain cyffyrddodd ei wraig â haearn a diflannodd hithau o dan y llyn i fyd y tylwyth teg. Ni chai ddod yn ôl i'n byd ni, ond cymaint oedd ei chariad at ei theulu fel y lluniodd dywarchen i nofio ar wyneb y llyn fel y gallai sgwrsio â hwy. Dyna hanes **Morwyn Llyn y Dywarchen**, a mae murddun Llwyn y Forwyn y pen pella i'r llyn yn dystiolaeth i'r stori.

Wrth ddod i lawr am Ryd-ddu gwelir Llyn y Gadair wrth odre'r Garn. Troi i'r chwith a mynd i lawr Dyffryn Gwyrfai wnawn ni.

Castell Cidwm yw enw'r graig a'r gwesty ar lan llyn Cwellyn. Mab Macsen Wledig a Helen Luyddog oedd Cidwm, cuddiodd ar y graig yr ochr draw i'r llyn i geisio lladd ei frawd fel yr âi'r milwyr Rhufeinig heibio. Fe'i gwelwyd, ond yn rhy hwyr, trywanwyd y llanc druan.

3 Taith Lenyddol Dyffryn Nantlle

Rhostryfan, Ffrwd-cae-du, i'r chwith, chwith yn y cylchdro i'r Groeslon, i fyny am Garmel, fforch i'r dde wrth gyrraedd Carmel, i'r dde am Benygroes, syth i lawr heibio'r ysgolion, i'r dde am ganol y pentra, i'r chwith i Llanllyfni, yn ôl i Benygroes, i'r dde yn y sgwâr i Talysarn, ymlaen i fyny'r dyffryn, Nantlle, Drws y Coed, Rhyd-ddu.

Dyma gyfle i grwydro'r ardal ar drywydd ei llenorion, ardal sy'n gyfoethocach nag odid unman arall yng Nghymru yn eu nifer a'u safon. Mae'n debyg bod a wnelo eu magwraeth yn y gymdeithas chwarelyddol rywbeth â hynny.

Awn i lawr i Rhostryfan, ac ar ochr isa'r pentra ar y dde wrth gychwyn am Ffrwd-cae-du mae Talybont, cartref **W Gilbert Williams**, hanesydd, prifathro lleol, awdur '*O Foeltryfan i'r Traeth.*'

Ganed **Glasynys** yn Nhy'n Ffrwd, oddi ar y ffordd am Ros-isaf. Ei waith pwysicaf yw Cymru Fu 1862, a casglwyd ei storïau gan Saunders Lewis, *Straeon Glasynys* 1943.

Yr ochr isa i'r sgwâr yn y Groeslon, oddi ar Lôn Glyn yn Llwyn Piod mae **Mary Hughes** yn byw, awdur nifer o nofelau ac ysgrifau gafaelgar.

Ar y dde ym mhen ucha'r allt mae Angorfa, ble treuliodd **John Gwilym Jones** y rhan fywaf o'i oes. Storïwr, beirniad llenyddol, darlithydd, cynhyrchydd dramâu, ac un o'n dramodwyr gorau. Roedd ganddo feddwl y byd o'r Groeslon.

Os medrai, fe roddai iddi anfarwoldeb fel y byddai byw byth yn llenyddiaeth ei wlad. Barddoniaeth? Nofel? Drama? Amser a benodai hynny . . . ond ymgorfforiad o ardal Llaneilyn *(Groeslon)* yn ei llawnder a'i chyfoeth, yn ei gweithgarwch dyfal a'i hynni, yn ei thrigolion rhadlon ac aroglau'r buarth ar eu dillad; ac yn eu canol, yn bennaf oll, ei nain gyda'i gwên barod, a'i charedigrwydd, a'i llonder cefn gwlad.

Y Dewis

Llenor hynod gynhyrchiol fu **Eirug Wyn**, aml ei wobrau, colled fawr i'w deulu, i Gymru, fu ei golli mor ifanc. Colled amhrisiadwy i ninnau Gyfeillion Cae'r Gors, ef oedd un o'r rhai fu'n bennaf gyfrifol am gychwyn yr ymgyrch i sefydlu Canolfan Dreftadaeth Kate Roberts. A ninnau wedi gwireddu'n breuddwyd byddai ar ben ei ddigon ac yn llawn syniadau cyffrous.

Un arall o'n hoelion wyth oedd **Guto Roberts**, symbylydd a gweithiwr diflino dros achosion a garai, dyma ddywedodd Eirug amdano,

Nid dyn 'dweud' oedd Guto, ond dyn 'gwneud', ac ym mherfedd y dyn bychan roedd yna globen o galon fawr – nid cyfaill tywydd teg a hindda'n unig mohono . . . ac yn y blynyddoedd diwethaf hyn mi fuodd o'n comandîrio criw ohonom, gyda'r un brwdfrydedd a'r un arweiniad, i adfer cartref Kate Roberts i'w hen ogoniant. Bu wrthi tan ei wythnosau olaf yn arwain 'Cyfeillion Cae'r Gors.'

Ar ben yr allt gyferbyn â'r tai cyngor yng Ngharmel mae Bryn Awel ac oddi tano y Gwyndy a Caesion Mawr, cartrefi teulu **Thomas a Gruffydd Parry**. Roedd eu tad yn chwarelwr yn Norothea, ac arian tyddyn y Gwyndy yn ei alluogi i anfon tri mab i'r brifysgol. Edrydd T H Parry Williams ei hanes yn blentyn yn ymweld â'r Gwyndy, ei frawd yn syrthio i ganol y gwrych drain ac yntau'n mynd yn sownd yn y cwt ci oedd yn y wal o flaen y tŷ. Ym mhen arall y pentra, yn Nhanybryn y magwyd un o'n hysgolheigion pennaf ac un o'n meddylwyr praffaf, **Dafydd Glyn Jones**.

Awn heibio Ysgol Dyffryn Nantlle ar y dde ac ysgol Bro Lleu ar y chwith. Trefnwyd cystadleuaeth i enwi'r ysgol gynradd pan symudwyd safle a cynigiodd Guto Roberts, '*Mast View*.' Wedi troi i'r dde yng ngwaelod Ffordd y Brenin mae Llys y Delyn, cartref **Llyfni Huws,** bardd a thelynor. Cyhoeddwyd *Caniadau Llyfni* yn 1968. Un o Dalysarn oedd **John Llywelyn Roberts**, ond bu'n byw ym Mhenygroes, bardd, enillydd llu o wobrau eisteddfodol, dyma'i englyn ar garreg goffa Dorothea

> Gwŷr chwalwyd o'u gorchwylion – o'r chwarel
> I'r chwerwaf dir estron;
> O'r gad y daeth ergydion
> Geiriau cur y garreg hon.

Dau o hogia Llanllyfni yw **Cefin Roberts**, actor, cynhyrchydd, sefydlydd Ysgol Glanaethwy gyda'i wraig Rhian, enillydd Medal Ddrama a Medal Ryddiaith y Gendlaethol; a **Wynfford Ellis Owen**, actor, cynhyrchydd ac awdur.

Wrth fynd i gyfeiriad Talysarn gallwch weld pentref Tanrallt yr ochr groes i'r dyffryn a llethr y Cymffyrch yn uwch eto, yma'r oedd cartref **Mathonwy Hughes,** ym Mrynllidiart, adwur cynhyrchiol iawn, yn gerddi ac ysgrifau. Enillodd Gadair Aberdâr yn 1956. Yma hefyd y ganed **Silyn Roberts,** bardd a sosialydd. Yn nes at Nebo mae Glan Gors, cartref **R Alun Roberts.**

Trowch i'r chwith i fynd drwy'r pentra ar Ffordd Hyfrydle a down at Rhiwafon ble ganed **R Williams Parry.** Un o'n beirdd gorau, gyda dwy gyfrol, *Yr Haf a Cherddi eraill* a *Cerddi'r Gaeaf*

> Yn Nhalysarn ystalwm
> Fe welem Lyfni lân
> A'r ddôl hynafol honno
> A gymell hyn o gân

Mae'r gofeb iddo ger y neuadd gymuned newydd ar safle'r hen stesion.

Ychydig ymhellach mae Cloth Hall fu'n gartref i **Gwilym R Jones,** Cristion a chenedlaetholwr digyfaddawd, newyddiadurwr gyda Kate Roberts a Mathonwy Hughes ar Y Faner yn Ninbych am flynyddoedd. Enillodd Goron, Cadair a Medal Ryddiaith y Genedlaethol.

Mae Stryd Cavour ar y chwith, ble ganed **Idwal Jones,** awdur, darlledwr a sgriptiwr, crewr 'SOS Galw Gari Tryfan', cyfres radio i blant hynod boblogaidd ar 'Awr y Plant.'

Disgynnodd craig o Glogwyn Barcut drwy do Capel Drws-y-coed yn 1892, mae carreg yn dynodi'r achlysur. Magwyd **Y Brodyr Ffransis** yn y Clogwyn Brwnt gan eu taid a nain, murddun ar y dde yn agos i ben ucha'r ffordd i fyny o Ddrws-y-coed, chwarelwyr a chantorion a deithiodd Gymru'n cynnal cyngherddau, ymysg y darlledwyr Cymraeg cyntaf ar y radio.

Wedi cyrraedd Rhyd-ddu trowch i'r dde at gartref **T H Parry Williams**, fe'i ganed yn Nhy'r Ysgol, bardd, ysgrifwr, ysgolhaig.

> Mae'r cyrn yn mygu er pob awel groes,
> A rhywun yno weithiau'n sgubo'r llawr . . .

Mae'r ysgol yn ganolfan gweithgareddau awyr agored a roedd posib trefnu i weld creiriau o'i eiddo yn y tŷ, gresyn eu bod wedi'u symud oddi yno.

'Ym mh'le yn y byd y cawsoch chi'ch magu?'
'Ar fynyddoedd Sir Gaernarfon yn y lle mwyaf bendigedig sy'n bod.'

Daw lleisiau dros farwydos coelcerthi Moel Smytho ac yn donnau ar hyd y Lôn Wen, 'Bryd, bryd y caf fi orffwys ynddi hi?' . . .

Am fwy o fanylion, cyhoeddwyd gan Wasg Carreg Gwalch gan yr un awdur,

Straeon Gwydion, 1990, straeon gwerin yr ardal
Crwydro Bro Lleu, 1990, teithiau cerdded yn Nyffryn Nantlle a'r cyffiniau
Tyddynnod y Chwarelwyr, 2004, hanes y tyddynwyr-chwarelwyr yn ardal Moeltryfan
Chwareli Dyffryn Nantlle, 2007, hanes y chwareli a'r gymdeithas